范东君 著

精准扶贫：成就、问题与新思路

基于湖南省实践

TARGETED POVERTY
ALLEVIATION:
ACHIEVEMENT, PROBLEMS
AND NEW IDEAS

Based on the Practice of Hunan Province

社会科学文献出版社
SOCIAL SCIENCES ACADEMIC PRESS (CHINA)

目　录

绪　论

党的十八大以来，党中央高度重视扶贫脱贫工作，2013 年 11 月 3 日，习近平总书记在视察湖南时首次提出了"精准扶贫"方略，为新时期中国大规模扶贫指明了方向。湖南作为中国脱贫攻坚的主战场，在精准扶贫基本方略指引下应抢抓机遇，加快湖南贫困地区发展步伐，推进贫困地区经济社会又好又快发展，对于全面建成小康意义重大。面对国内外经济下行和转型升级的压力，作为全国脱贫攻坚主战场的湖南应根据各贫困地区自身的需求，强化各地特色产业支撑，抓住"互联网 + 社会扶贫"的重点，补齐基础设施和人才短板，优化精准脱贫制度设计和应用，创新扶贫模式、培育新动能、优化空间发展布局。在全球经济发展转型升级加快背景下，科学应对高质量发展的压力，合力选择贫困地区经济社会发展新路径，有序稳步推进贫困地区脱贫，是湖南全面建成小康社会的重大工程和艰巨任务。

一　本书背景及意义

新中国成立以来，中国政府一直致力于农村贫困问题的解决，大力发展农村经济，但严格意义上实施的大规模扶贫是在改革开放后。① 改革开放以来，中央先后出台了 20 个有关"三农"问题的中央一号文件，推出了诸多惠农、利农的政策举措。经过 40 多年的努力，中国农村脱贫攻坚取得巨大成就。党的十八大报告提出，到 2020 年我国要全面建成小康社会，关键是解决好农村的贫困问题。2013 年 11 月 3 日，习近平总书记在视察湖南时首次提出了精准扶贫基本方略，为中国大规模扶贫拉开了序幕。但中国的脱贫攻坚是一项巨大的系统工程，面临诸多困难和挑战。湖南作为全国脱贫攻坚的主战场之一，如何解决贫困地区面临的诸多复杂问题，脱贫攻坚战略及其推进路径如何抉择，如何确保贫困户群体实现全面脱贫、过上美好生活等，这不仅需要总结已有脱贫工作的经验教训，还需要从中总结并设计好下一步推进脱贫攻坚的政策举措，这是一系列有待破解的重大课题。

由于中国贫困面广、贫困人口基数大，脱贫攻坚任务异常艰巨。对此，以习近平同志为核心的党中央，站在历史的高度，把扶贫攻坚放在比历史上任何时期都重要的位置，制定了一系列扶贫攻坚政策。近些年，在中央政府推动和各级地方政府的努力下，中国农村脱贫攻坚取得了巨大成就，贫困治理政策力度加大，干部和社会力量积极介入，贫困群众脱贫动力增强，贫困人口呈现明显下降趋势。中国农村贫困人口从 1978 年的 7.7 亿减少至 2017 年的 3046 万人，减少了近 7.4 亿，年均减贫人口达 1898 万人；中国农村贫困发生率从 1978 年的 97.5% 降至 2017 年的 3.1%，农村贫困发生率下降了 94.4 个百分点。中国农村脱贫攻坚任务取得巨大进展，2020 年后，长期困扰中国农村的原发性的绝对贫困将基本终结。随

---

① 李周、刘长全：《西部农村减缓贫困的进展、现状与推进思路》，《区域经济评论》2013 年第 2 期。

着绝对贫困的基本终结，大规模的政府主导扶贫政策将会有所转移，一些地方配套政策将会取消，但受自然灾害、大病等影响和转型性的相对贫困将依然长期存在。在经济快速发展的同时，中国城乡收入差距在拉大，农村内部的收入差距也在不断拉大，农村低收入者绝对收入的人均增长速度低于农村居民，农村贫困者的相对贫困和绝对贫困问题整体上更为突出。[①] 在新时代，对反贫困提出了新要求，更好地解决农村可持续发展问题，深入挖掘在脱贫攻坚过程中存在的问题，探讨湖南脱贫攻坚机制创新的具体途径，创新脱贫攻坚思路，优化扶贫开发机制，适时构建新的中国扶贫体系和反贫困路线对有效推进乡村振兴战略意义重大。

贫困是人类在发展过程中一直致力解决的问题。因此，对贫困与反贫困的研究也成为学术界研究的重点问题。当前学者对致贫因素和反贫模式的研究尤为突出，并取得了许多重要成果。本书以湖南省为研究对象，主要探讨政府主导的扶贫取得的成效和脱贫摘帽后带来的困境，通过对全省一些贫困村和贫困户的深入调研，从产业扶贫、转移就业扶贫、医疗健康扶贫、教育扶贫、生态扶贫、兜底保障扶贫、社会扶贫等方面分析湖南省扶贫取得的成效、存在的主要问题和政策建议，提出农村贫困治理的思路和方向，可以为湖南扶贫开发模式、创新和机制选择提供参考。

二　精准扶贫相关问题研究概况

（一）贫困与反贫困经济学理论

18 世纪末 19 世纪初，英国学者马尔萨斯在他的著作《人口

---

① 刘欢：《从绝对到相对转变视域下的中国农村脱贫新探析》，《软科学》2017 年第 5 期。

原理》中提出的"人口剩余致贫论"，将贫困归结到贫困者自身上，要想摆脱贫困，就要实行节育等"道德抑制"和战争等"积极抑制"来达到人口与生产资料的平衡。1953 年，美国著名经济学家纳克斯提出了著名的"贫困恶性循环"理论，他认为，造成这一恶性循环的原因就是资本缺乏。因此，不断增强居民储蓄的可持续性才能改变这种恶性循环。1957 年，莱宾斯坦提出的"临界最小努力"理论，认为激发贫困者的经济增长动机、鼓励创新、创造适宜的资本盈利环境以及大力开发和运用新技术，对于增加贫困者经济收入会起到重要作用。1968 年，瑞典经济学家冈纳·缪尔达尔构建了"反贫困理论模式"，为世界反贫困研究提供了新的角度。1959 年，舒尔茨首次提出了"人力资本投资"的概念，他认为，发展中国家贫困的根本原因不在于物质资本的短缺，而在于人力资本的缺乏，而人力资本是要通过投资而获得的。此外，也有许多学者从社会学角度提出了一些研究贫困问题的观点，例如，H. 罗德曼的"贫困情景论"、G. 伦斯基的"冲突派贫困观"、甘斯的"功能主义贫困观"、瓦伦·T 的"贫困处境论"、弗里德曼的"个体主义贫困观"、约瑟夫的"剥夺循环论"。国内学者从 20 世纪 80 年代中期政府实施大规模扶贫开发以后，开始对贫困理论与相关问题展开研究，起步较晚。

（二）关于贫困根源

国际上，产生贫困的原因探讨是一个不断发展的过程。马克思和恩格斯认为，无产阶级贫困是资本主义制度和在此制度下的生产方式造成的。资本主义制度下，资本主义竞争的压力和资本家对超额剩余价值的追求，必然导致无产阶级的贫困。20 世纪 50 ~ 70 年代，普遍认为的贫困原因是国家保障制度的不健全，发达国家扶贫是通过建立国家利益调节机制和社会保障机制（如福利国家制度）来进行扶贫的。阿瑟·刘易斯认为，在不发达经济的两个部门——农村的传统农业部门和城市的现代工业部门中，只有现代化的城市工业部门是增长的主导部门，农村的传统农业只是被动地起作用。只有工业部门的增长，才能改变传统的二元结构，解决不发达经济的发展问题。20 世纪 60 ~ 70 年代，一些奉行现代化理论的国际主流发展机构（如世界银行），坚持贫困产生的原因是经济发展的不足，认为发展中国家的反贫困就是要加快经济发展。发展经济学更是认为人力资本供给和快速经济增长是减贫的关键措施。只要一国经济发展了，贫困问题就会通过所谓"涓滴效应"得到解决。但是，发展中国家奉行这种政策的结果却是贫困现象不降反增。这就促使学者们反思贫困产生的原因，并探索多种方式解决贫困问题。汪三贵认为，由于占据优势地理位置的阶层通常在经济发展中有绝对的主导地位，而处于劣势地区的阶层在政治地位上仍然不占优势，而且往往很难公平地参与整个国家的经济建设。[1] 也有一些国内学者从制度、资源禀赋、自然环境、结构性、文化根源等多个方面分析了产生贫困人口和贫困地区的原因。[2]

（三）扶贫存在的问题

有学者指出，一直以来，我国政府主导的扶贫开发政策瞄准不精细导致扶贫资源漏出的问题始终存在，微观的扶贫资源分配

---

[1]　汪三贵：《中国新时期农村扶贫与村级贫困瞄准》，《管理世界》2007 年第 1 期。

[2]　李慧君：《阜阳市扶贫工作研究》，安徽大学硕士学位论文，2017。吉正芬：《发展型扶贫：全面脱贫背景下扶贫攻坚的战略选择》，《西南民族大学学报》（人文社科版）2017 年第 9 期。

精准度不够。① 在寻求政府扶贫效率下降的原因时，除了传统的政府功能不足、资金管理不严、官员贪污挪用等解释以外，② 政府扶贫既是运动员又是裁判员，难以建立起科学严格的考评体系。③ 也有学者从扶贫项目的边际效益递减，扶贫对象范围的划定缺乏动态管理，产业扶贫往往难以达到预期的效果，扶贫项目的选择机制缺乏、随意性大，扶贫资源管理机制不合理，贫困人口生活燃料缺乏，扶贫模式缺陷等方面分析了我国西部农村扶贫存在的问题。④ 还有学者分析了目前我国实施的精准扶贫存在的困境。⑤

（四）扶贫模式与战略

中国的扶贫开发是由政府主导、综合各方资源进行的，以反贫困、经济发展、支持农业、乡村社会建设、农村社会保障为多重目标的系统工程。⑥ 申秋总结了改革开放以来，中国农村扶贫政策经历了体制改革下的救济式扶贫（1978～1985 年）、开发式扶贫制度化和"八七"脱贫攻坚阶段（1986～2000 年）、"大扶贫"格局的形成和发展阶段（2001～2013 年）、脱贫攻坚和精准扶贫阶段

① 汪三贵：《中国新时期农村扶贫与村级贫困瞄准》，《管理世界》2007 年第 1 期。
② 郑功成：《中国的贫困问题与 NGO 扶贫的发展》，《中国软科学》2002 年第 7 期；欧阳煌：《新时期财政扶贫思考》，《中国经济时报》2015 年 12 月 21 日；金三林：《"十三五"做好扶贫开发工作的几点思考》，《发展研究》2016 年第 1 期。
③ 汪三贵：《中国新时期农村扶贫与村级贫困瞄准》，《管理世界》2007 年第 1 期；李德宏：《关于农村扶贫中的政府行为分析》，《管理观察》2016 年第 3 期。
④ 张建军：《"三维资本"视阈下新疆民族乡贫困治理对策研究》，《西南民族大学学报》（社会科学版）2017 年第 6 期。
⑤ 陈明星：《精准扶贫的实践困境及对策建议》，《发展研究》2017 年第 6 期。
⑥ 张新伟：《市场化与反贫困路径选择》，中国社会科学出版社，2001；任燕顺：《对整村推进扶贫开发模式的实践探索与理论思考》，《农业经济问题》2007 年第 8 期；刘坚：《中国农村减贫研究》，中国财政经济出版社，2009。

（2014 年至今）四个阶段。① 庄天慧、张军认为民族地区实施扶贫开发需与防灾减灾有机结合起来，让灾害治理与扶贫开发齐头并进、协同发展。② 青觉、孔晗认为，要通过政府自上而下主导、社会广泛参与支持，共同构建社会大扶贫和区域综合扶贫开发模式，形成区域资源整合→市场导引→特色产业支撑→基础设施先行→政府政策保障的扶贫开发路径。③ 李博、左停从合作型反贫困理论视角出发探析了陕南秦巴山区以"公益岗位"为依托的"购买服务式"综合性扶贫治理模式的运行逻辑。④ 黄承伟探讨了精准扶贫的路径选择，要把握和处理好脱贫攻坚目标的"当前"与"长远"，精准扶贫的"理想"与"现实"，顶层设计的"理论"与"实践"，扶贫脱贫的"主体"与"客体"，政府、市场、社会的"协同"与"动员"以及精准脱贫的"绝对"与"相对"等六方面的辩证关系。⑤

（五）反贫困的政策与机制

青觉、孔晗指出要由中央政府主导构建跨省脱贫攻坚合作协同机制、把实施移民搬迁与新型城镇化建设结合起来。⑥ 而另一

① 申秋：《中国农村扶贫政策的历史演变和扶贫实践研究反思》，《江西财经大学学报》2017 年第 1 期。
② 庄天慧、张军：《民族地区扶贫开发研究——基于致贫因子与孕灾环境契合的视角》，《农业经济问题》2012 年第 8 期。
③ 青觉、孔晗：《武陵山片区扶贫开发问题与对策研究》，《中央民族大学学报》（社会科学版）2014 年第 2 期。
④ 李博、左停：《集中连片贫困地区"购买服务式"综合性扶贫治理模式研究》，《农业经济问题》2017 年第 2 期。
⑤ 黄承伟：《深化精准扶贫的路径选择——学习贯彻习近平总书记近期关于脱贫攻坚的重要论述》，《南京农业大学学报》（社会科学版）2017 年第 4 期。
⑥ 青觉、孔晗：《武陵山片区扶贫开发问题与对策研究》，《中央民族大学学报》（社会科学版）2014 年第 2 期。

些学者强调要重构社会资本对扶贫开发中农户脱贫的异质性影响及微观机制。[①] 孙久文、唐泽地指出，要建立反贫困监测的动态机制。[②] 此外，一些学者提出通过建立发展规划与协调委员会、构建多元化投入机制、促进农业产业和生态跨域一体化建设等推进连片特困地区扶贫。[③]

在对国内外学者关于贫困问题研究相关文献进行整理的过程中发现，在对致贫因素的分析上，主要集中于区域环境因素影响、人力资本缺乏以及制度制约等；在反贫困模式的研究上主要集中在如何构建减少贫困的限制性要素上，如资本结构、人力资本、生产方式等。国内外学者关于脱贫攻坚相关的研究成果为本书提供了极其重要的理论基础和方向指引，但还有待进一步深化。一是如何针对湖南具体实际，因地制宜开展脱贫模式创新和有的放矢的支持政策研究还不足。二是目前已有的有关脱贫攻坚问题研究在规范研究和宏观层面较多，实证研究和微观层面较少。三是在新形势下，如何破解扶贫领域的新问题、有针对性地开展社会扶贫实践研究亟待解决，本书针对这一问题做了探讨。

三　本书思路与框架

在中国进入新时代背景下，按照习近平总书记提出的"精准

---

① 靳永翥、丁照攀：《贫困地区多元协同扶贫机制构建及实现路径研究》，《探索》2016年第6期；周玉龙、孙久文：《社会资本与农户脱贫》，《经济学动态》2017年第4期。

② 孙久文、唐泽地：《中国产业扶贫模式演变及其对"一带一路"国家的借鉴意义》，《西北师大学报》（人文社会科学版）2017年第6期。

③ 肖湘愚：《湖南推进武陵山片区区域发展与扶贫攻坚战略研究》，《吉首大学学报》（社会科学版）2013年第3期；李民、贾先文：《扶贫攻坚背景下连片特困地区农业协同发展路径——以武陵山片区为例》，《经济地理》2016年第12期。

扶贫"战略思想和全面建成小康社会目标的战略部署，本书结合湖南省脱贫攻坚战略目标和任务，遵循从理论归纳到实证研究的基本思路，坚持从湖南扶贫实际出发，立足大量调查研究；坚持宏观与微观相结合、定性与定量相结合的分析研究，通过实地调研、案例剖析、归纳总结、逻辑演绎等方法，形成全面、系统、科学合理与指导实践的技术集成特点。以湖南精准扶贫为主题，本书从湖南脱贫攻坚现状、存在问题、成因、模式路径与战略举措等方面进行分析，探索适合湖南乃至全国脱贫攻坚的新路子。

（一）中国反贫困的发展历程

通过分析新中国成立以来，尤其是改革开放以来中国反贫困取得的阶段性成就，归纳了新中国成立以来中国反贫困的五个阶段，总结出中国反贫困的四个基本经验。

（二）湖南省脱贫攻坚现状

通过对近些年国家和省里扶贫政策的梳理，分析湖南省近年来对精准扶贫采取的措施，探讨扶贫取得的效果与成就，分析新时期扶贫存在的主要问题和面临的主要挑战，以及影响农村贫困治理的主要因素。

（三）产业发展脱贫效果与模式分析

主要对产业扶贫所取得的主要成就、存在的主要问题和主要做法进行了深入分析，基于案例分析总结出了产业扶贫的三种模式，并对这些模式进行深入阐释，最后提出产业扶贫的发展方向。

（四） 易地搬迁脱贫效果与战略举措分析

主要首先分析了湖南近些年来易地扶贫搬迁现状、取得的成效、存在的主要问题及其原因，最后提出了化解易地扶贫搬迁问题的政策建议。

（五） 转移就业脱贫效果与路径分析

首先分析了湖南转移就业脱贫的现状，主要从取得的成效和存在的问题进行了深入分析，其次分析了实施好转移就业脱贫的路径选择，最后提出了促进转移就业脱贫的政策建议。

（六） 教育发展脱贫效果与战略思路分析

首先分析了湖南省农村教育精准扶贫现状，提出了农村教育精准扶贫存在的主要问题，其次深入分析了影响教育精准扶贫的因素，最后提出了强化教育精准脱贫的战略举措。

（七） 医疗健康脱贫效果与战略举措分析

首先分析了湖南医疗健康扶贫的现状，包括医疗健康扶贫出台的措施、取得的成效和存在的主要问题，其次分析了医疗健康扶贫存在问题的主要原因，最后提出了完善医疗健康扶贫的政策建议。

（八） 生态补偿脱贫效果与模式分析

首先从生态扶贫开发取得的成效、存在的主要问题等方面分析了湖南生态补偿脱贫的现状，其次从绿色经济发展和生态建设与保护模式两方面分析了优化生态扶贫开发的模式构建，最后提出了湖南省生态扶贫开发的政策建议。

（九）政策兜底脱贫效果与政策举措分析

首先从政策兜底脱贫取得的成效和存在的主要问题分析了湖南政策兜底脱贫的现状，最后提出了建立健全兜底脱贫的政策建议。

（十）社会力量参与脱贫效果与模式创新分析

首先从社会扶贫取得的成效、存在的主要问题及原因等方面分析了湖南社会力量扶贫的现状，接着分析了如何创新社会力量扶贫模式，最后提出了完善社会扶贫的政策建议。

（十一）农村贫困治理的战略思路与保障措施

首先从注重长远发展目标、加强农村软环境建设、充分挖掘调动社会力量、激发农村发展的内生动力等方面分析了农村贫困治理的战略思路，然后从脱贫目标责任担当、贫困地区产业发展、贫困地区人才建设、扶贫落实监管、建立后期帮扶跟进机制等方面提出强化农村贫困治理的战略举措。

第一章　中国反贫困的发展历程

贫困问题一直伴随着人类的生存与发展，是一个世界性的难题，许多国家与地区都在减少贫困人口方面做出了很多探索和努力。新中国成立以后，我国经济社会发展面临基础条件差、人口众多、耕地不足等现实情况，贫困问题一直是我国面临的最大挑战之一，由来已久。1949 年新中国成立后尤其是改革开放以后的 40 年里，通过政府主导推动的一揽子扶贫脱贫政策，中国在扶贫减贫方面取得了举世瞩目的成就，在现行标准下贫困人口已经由 1978 年的 7.7 亿人减少到 2017 年的 3046 万人，减少了 7 亿多人，贫困发生率从 97.5% 下降到 3.1%，为世界反贫困事业做出巨大贡献。联合国《2015 年千年发展目标报告》对此进行了评价：中国在全球减贫方面起到了"火车头"的作用，中国极端贫困人口比例从 1990 年的 61% 降低到 2014 年的 4.2%，对全世界减贫的贡献率超过 70%。联合国秘书长古特雷斯对此也做出如下评价：我们不应该忘记，过去 10 年，中国是为全球减贫做出最大贡献的国家。

政府为主导是我国脱贫减贫过程中的最突出特色，在政府引领下形成大扶贫格局，社会主义制度集中有限资源快速精准实施反贫困政策。我国反贫困斗争之所以取得如此成就，与党和政府高度重视扶贫开发工作是密不可分的。新中国成立后，我国即开始了反贫困的探索与努力，但受现实情况的约束，只能将有限的资源投入特困地区与特困群体。20 世纪 90 年代伊始，党与国家开始推行全国范围的减贫措施。1994 年，制定实施了新中国成立以来的第一个减贫计划——《国家"八七"扶贫攻坚计划（1994－2000 年）》，其主要目标是帮助全国范围内最贫穷的 8000 万人口摆脱贫困；2000 年我国出台实施了《中国农村扶贫开发纲要（2001－2010年）》；2010 年又制定实施了《中国农村扶贫开发纲要（2011－2020 年）》。党的十八大以后，我国将扶贫脱贫工作摆在更加突出的位置，将精准扶贫、精准脱贫作为国家的基本方略，开创了扶贫脱贫事业的新局面，打响了脱贫攻坚战，加快向历史性地解决绝对贫困与全面建成小康社会迈进。仅 2017 年，扶贫资金规模就超过了 860 亿元；各级政府向各地贫困地区派驻了近 80 万名帮扶干部，与贫困群众同甘苦、共奋进；根据"十三五"规划，2016～2020年，全国将约有 1000 万贫困人口通过易地扶贫搬迁方式告别世代贫困，迈向新生活。

一　中国反贫困进程中取得的阶段性成就

新中国成立后尤其是改革开放后的 40 年里，我国通过政府主导、全社会广泛参与的形式，向广大农村与贫困地区投入了大量的人力、财力、物力，通过政策推动、资金投入、产业发展与体制机制创新等方式，扶贫脱贫工作取得了巨大成就，农村贫困人口大幅度减少，中西部地区贫困人口比例明显下降，贫困地区居民生活水平显著提高，基本公共服务能力快速提升。

（一）农村贫困人口大幅减少

新中国成立后尤其是改革开放以后，我国农村贫困人口大幅减少（详见表1-1）。按现行农村贫困标准衡量，1978年底我国农村贫困发生率约为97.5%，贫困人口为7.7亿人；2017年底农村贫困发生率为3.1%，贫困人口3046万人。1978~2017年，我国农村贫困人口减少了大约7.4亿人，平均每年减少约1900万人；农村贫困发生率降低了94.4个百分点，平均每年降低2.4个百分点。进入21世纪后，由于推行大规模的扶贫减贫措施，我国农村减贫规模占改革开放后的近六成，2000~2017年，我国农村贫困人口减少了大约4.3亿人，贫困发生率降低了46.7个百分点，平均每年降低2.7个百分点。特别是党的十八大召开以后，全党、全国、全社会动员力量，打响了脱贫攻坚战，脱贫减贫成效非常显著。按现行贫困标准计算，2013~2017年，我国农村每年减贫人口都在1000万以上，分别达到1650万人、1232万人、1442万人、1240万人、1289万人，累计减贫人口6853万人，减贫幅度达到70%；相应地，贫困发生率也由2012年的10.2%降到2017年的3.1%，其中17个省份贫困发生率已降到3%以下。

表1-1 按现行农村贫困标准衡量的农村贫困状况

年份	当年价贫困标准（元/年/人）	贫困发生率（%）	贫困人口规模（万人）
1978	366	97.5	77039
1980	403	96.2	76542
1985	482	78.3	66101
1990	807	73.5	65849

年份	当年价贫困标准（元/年/人）	贫困发生率（%）	贫困人口规模（万人）
1995	1511	60.5	55463
2000	1528	49.8	46224
2005	1742	30.2	28662
2010	2300	17.2	16567
2011	2536	12.7	12238
2012	2625	10.2	9899
2013	2736	8.5	8249
2014	2800	7.2	7017
2015	2855	5.7	5575
2016	2952	4.5	4335
2017	2952	3.1	3046

数据来源：国家统计局农村住户调查和居民收支与生活状况调查。其中，2010年以前数据是根据历年全国农村住户调查数据、农村物价和人口变化，按现行贫困标准测算取得。

（二）中西部地区贫困人口全面下降

新中国成立后尤其是改革开放后的 40 年，我国投入了大量资源用于农村建设，农业与农村经济实现了快速发展，东部发达地区由于起步早、发展快、基础好，到 2017 年已率先基本实现脱贫，中西部地区贫困人口和贫困发生率也全面下降。党的十八大以后，党中央、国务院高度重视扶贫脱贫工作，提出了精准扶贫、精准脱贫战略，深入实施东西部扶贫协作，区域性整体贫困得到了有效缓解，大批城市和农村贫困人口实现脱贫，过上了健康幸福的生活，这为 2020 年现行标准下农村贫困人口全部脱贫、贫困县摘帽和区域性整体脱贫提供了有力保障。

从东中西部来看，截至 2017 年底，我国东部地区农村贫困人口约为 300 万人，相比 2012 年底减少了 1067 万人，五年累计下降 78.1%；农村贫困发生率从 2012 年底的 3.9% 降到 2017 年的 0.8%，下降了 3.1 个百分点，已基本实现脱贫。2017 年底，中部地区农村贫困人口为 1112 万人，相比 2012 年底累计减少了 2334 万人，减少了 67.7%；农村贫困发生率由 10.5% 减少到 3.4%，下降 7.1 个百分点。2017 年底，西部地区农村贫困人口为 1634 万人，相比 2012 年底累计减少 3452 万人，减少了 67.9%；农村贫困发生率从 2012 年底的 17.6% 减少到 2017 年底的 5.6%，下降了 12 个百分点。

分贫困区域来看，2017 年底，我国贫困地区农村贫困人口约为 1900 万人，相比 2012 年底减少了 4139 万人，占全国的近六成；农村贫困发生率由 2012 年底的 23.2% 减少到了 2017 年底的 7.2%，五年累计降幅为 16 个百分点，平均每年降低 3.2 个百分点。2017 年底，集中连片特困地区农村贫困人口约为 1540 万人，相比 2012 年底减少 3527 万人，下降幅度为 69.6%；农村贫困发生率由 2012 年底的 24.4% 减少到 2017 年底的 7.4%，累计降低 17 个百分点，平均每年降低 3.4 个百分点。内蒙古、广西、西藏、新疆等民族八省区 2017 年底农村贫困人口规模为 1032 万人，相较 2012 年底减少了 2089 万人，降幅为 66.9%，减贫规模占全国的近三成；农村贫困发生率由 2012 年底的 21.1% 减少到 2017 年底的 6.9%，累计降幅为 14.2 个百分点，平均每年降低 2.8 个百分点。

（三）贫困地区居民生活水平明显提高

居民收入实现快速增长。2017 年，我国贫困地区农民人均可支配收入为 9377 元，不考虑价格因素，比 2012 年高 60%，2012 ~ 2017 年年均增长 10.4%，高出全国平均水平 2.5 个百分点。2017 年，集中连片特困地区农民人均可支配收入为 9264 元，不考虑价格因素，比 2012 年高 60%，五年年均增长 10.3%，高出全国平均水平 2.4 个百分点；2017 年，扶贫开发工作重点县农民人均可支配收入为 9255 元，比 2012 年高 70%，五年年均增长 10.7%，高出全国平均水平 2.8 个百分点。2017 年，我国贫困地区农民人均可支配收入达到了全国平均的 69.8%，相比 2012 年提高了 7.7 个百分点。其中，集中连片特困地区达到了全国平均的 69.0%，扶贫开发工作重点县达到了全国平均的 68.9%，分别比 2012 年上涨了 7.4 个和 8.3 个百分点。

居民生活水平明显提高。2017 年，我国贫困地区农民人均消费支出达到了 7998 元，相比 2012 年年均实际增长 9.3%，其中，集中连片特困地区农民人均消费支出达 7915 元，五年平均实际增长 9.2%；扶贫开发重点县农民人均消费支出达 7906 元，五年平均实际增长 9.3%。贫困地区居民的居住生活条件不断改善。2017 年，贫困地区农民每户住房面积相比 2012 年增加了 21.4 平方米；2017 年，贫困地区农村饮用水没有困难的农户占到了 89.2%，相比 2013 年增加了 8.2 个百分点；使用自来水的农户占 43.7%，相比 2013 年增加了 13.1 个百分点；使用清洁能源的农户占 35.3%，相比 2012 年增加了 17.6 个百分点。

基础设施不断完善。截至 2017 年底，除了极少数地区，我国贫困地区基本实现了用电全覆盖；通电话的自然村占总数的 98.5%，相比 2013 年增加了 5.2 个百分点；通有线电视信号的自然村占 86.5%，相比 2012 年增加了 17.5 个百分点；通宽带的自然村占 71.0%，相比 2012 年增加了 32.7 个百分点。2017 年，贫困地区主干道实现硬化处理的自然村占 81.1%，相比 2013 年增加了 21.2 个百分点；通客运班车的自然村占 51.2%，相比 2013 年增加了 12.4 个百分点（详见表 1-2）。

表 1-2　2013~2017 年贫困地区基础设施条件

单位：%

指标	2013 年	2014 年	2015 年	2016 年	2017 年
通电话的自然村比重	93.3	95.2	97.6	98.2	98.5
通有线电视信号的自然村比重	70.7	75.0	79.3	81.3	86.5
通宽带的自然村比重	41.5	48.0	56.3	63.4	71.0
主干道实现硬化处理的自然村比重	59.9	64.7	73.0	77.9	81.1
通客运班车的自然村比重	38.8	42.7	47.8	49.9	51.2

数据来源：国家统计局农村住户调查和居民收支与生活状况调查。

教育文化状况明显改善。2017 年，我国贫困地区家庭成员中年满 16 岁未完成初中教育的农户占比为 15.2%，相比 2012 年下滑了 3.0 个百分点；84.7% 的自然村有幼儿园，88.0% 的自然村有小学，分别比 2013 年增加了 17.1 个和 10.0 个百分点；行政村中有文化活动室的占 89.2%，相比 2012 年增加了 14.7 个百分点（详见表 1-3）。

表 1-3　贫困地区农村教育文化情况

单位：%，个百分点

指标名称	2017 年	2012 年	2017 年比 2012 年提高
年满 16 岁成员均未完成初中教育的农户比重	15.2	18.2	-3.0

指标名称	2017 年	2012 年	2017 年比 2012 年提高
所在自然村上幼儿园便利的农户比重	84.7	—	17.1*
所在自然村上小学便利的农户比重	88.0	—	10.0*
有文化活动室的行政村比重	89.2	74.5	14.7

数据来源：国家统计局农村住户调查和居民收支与生活状况调查。* 表示与2013 年相比提高。

医疗卫生水平显著提高。2017 年，我国贫困农村中拥有合法行医证医生或卫生员的占到了92.0%，相比2012 年增加了8.6 个百分点；92.2%的自然村设立了卫生站，相比2013 年增加了7.8个百分点；拥有畜禽集中饲养区的行政村占28.4%，相比2012年增加了12.4 个百分点；有61.4%的自然村生活垃圾实现了集中处理，相比2013 年增加了31.5 个百分点（详见表1－4）。

表1－4　2013～2017 年贫困地区农村医疗卫生条件

单位：%

指标名称	2013 年	2014 年	2015 年	2016 年	2017 年
拥有合法行医证医生/卫生员的行政村比重	88.9	90.9	91.2	90.4	92.0
有卫生站的自然村比重	84.4	86.8	90.3	91.4	92.2
拥有畜禽集中饲养区的行政村比重	23.9	26.7	26.9	28.0	28.4
所在自然村垃圾能集中处理的农户比重	29.9	35.2	43.2	50.9	61.4

数据来源：国家统计局农村住户调查和居民收支与生活状况调查。

二 中国反贫困的五个阶段

梳理新中国成立后到十九大我国扶贫脱贫的基本历程可以发现，在不同的时期，依据贫困地区的现实情况与国家财力水平，我国出台与采用了不同的扶贫脱贫政策、方法，扶贫脱贫工作均实现了预期成效。根据时间节点，大体可以将我国反贫困的发展历程分为五个不同的阶段：一是计划经济体制下的广义扶贫阶段，二是农村经济体制改革下大规模缓贫阶段，三是经济高速增长期的开发式扶贫阶段，四是全面建成小康社会中的扶贫开发阶段，五是十八大之后的精准扶贫脱贫阶段。

（一）计划经济体制下的广义扶贫阶段（1949～1977年）

新中国成立后，我国经济基础极为薄弱、贫困人口众多，经济建设与社会发展面临巨大挑战。国家为了加快发展生产和增强经济实力，实施了一系列政策和改革措施，为之后的扶贫脱贫工作奠定了初步基础。一是进行土地改革，将土地收归国有，消灭了几千年来的土地私有制；建立了人民公社制度，将全部农民纳入人民公社这一体系之中，一起劳动，吃"大锅饭"，公社即家，家即公社，公社成为农民的依靠，这些均为消除贫困确立了制度上的保障。二是实施了国民经济发展规划，决定通过走工业化道路，以工业带动农业，来实现整个国民经济的发展，进而达到减缓贫困的目标。三是制定实施紧急救济计划和建立自上而下的民政救助体系，民政部门通过设立专项资金，以实物救济为主，对农村特困群体与受灾群众进行救助，救济对象主要是无劳动能力、无人抚养或赡养的五保户、特困户与其他困难群体，具有显著的单一性与分散性。

　　传统的计划经济"集中力量办大事",使经济发展成果在最大限度上实现了平均,东部支援中西部,城市支援农村,全国人民一起承担了落后地区的贫困,在有效缓解绝对贫困方面,实现了最大的社会效果,农村贫困情况实现了一定幅度缓解。但这一时期的扶贫救助方式比较单一,受国家财力限制救助范围具有很大的局限性;不能有效甄别救助对象,造成了一定程度的遗漏和差错;扶贫救助尚没有与困难群体的自身发展结合起来,扶后还是贫,贫了还要扶,国家整体贫困情况并未得到有效改观。加之基础薄弱、财力不足、贫困人口众多、自然灾害、国际政治斗争等因素制约,到1978年改革开放前,我国农村绝对贫困人口仍然有2.5亿,占到了农村人口总数的30%左右。1978年全国农村家庭人均纯收入仅有133.6元,农民人均年消费仅为138元。城镇居民的情况也不容乐观,两项数据分别是343.4元和405元。同时,城市贫困问题尚未得到有效重视,一直未纳入政府扶贫计划,大批城市贫困人口也延缓了整体脱贫扶贫的进程。

（二）农村经济体制改革下大规模缓解贫困阶段（1978～1985年）

　　20世纪70年代中后期,党和国家逐步将工作重心转移到经济建设上来,经济社会发展开始迈向正轨,通过对内改革、对外开放,生产力得到了极大释放,人民的生活水平实现了快速提升。在农村地区,通过家庭承包经营制度取代人民公社集体制度,打破"干好干坏一个样",将集体上地分配到各家各户,同时赋予农民对农业生产的完全自主权,极大地调动了广大农民的劳动积极性,粮食产量不断增加,经济社会实现了快速健康发展。1978～1985 年，我国农村地区尚未解决温饱问题的贫困人口由 2.5 亿人迅速减少到了 1.25 亿人，占农村总人口的比重由 30.7%降到 14.8%，年均减贫 1786 万人；剔除价格因素，农民实际人均纯收入增长了 169%，平均每年增长 15.1%；农村基尼系数由 1980 年的 0.241 降至 1985 年的 0.227，区域内部的收入差距也逐步缩小。

自 20 世纪 80 年代中期开始，我国的扶贫脱贫模式从以往的无偿扶持为主转变为以生产帮助为主、以无偿救济为辅。这改变了之前救助方式的单一性和局限性，开始从贫困户自身出发，帮助其自力更生、发展生产，彻底摆脱贫困落后的局面，这是我国扶贫脱贫思维的一次巨大进步。其主要内容是通过为贫困户提供低息或者免息信贷资金、以工代赈等形式帮助其发展生产，同时通过兴建农田水利等基础设施、推广农业实用技术等方式提高生产经营能力。1984 年，国家制定实施了《关于帮助贫困地区改变面貌的通知》，主要目标是通过提供农业信贷资金、农业生产技术、农田水利建设资金等方式推进农村经济开发，加快解决贫困地区的基本温饱问题。从 20 世纪 80 年代初期到 80 年代末期，为帮助老少边穷地区尽快摆脱贫困局面，缩小与发达地区的经济发展差距，我国先后拨付了 7 笔扶贫专项资金用于这类地区的开发建设，包括支援不发达地区发展资金、支持老少边穷地区贷款等，每年资金总量均在 40 亿元左右，其中 3/4 左右属于低息或贴息的信贷资金，这些资金有效推动了当地经济社会发展与贫困人口脱贫。

（三）经济高速增长期的开发式扶贫阶段（1986～2000 年）

在这一时期，通过前几年的改革开放与农村联产承包责任制，我国经济发展与人民生活水平实现了大幅度跃升，脱贫扶贫取得了明显成效。1986 年，国务院成立了贫困地区经济开发领导小组，开始了"有组织、有计划、大规模的农村扶贫开发活动"。根据农村居民人均纯收入与当地县级财政现状，国家第一次制定了贫困县的标准：1985 年人均纯收入少于 150 元的县和人均纯收入少于 200 元的少数民族自治县，在革命战争时期有重要贡献的老区县放宽到 300 元。国家开始向贫困县转移支付专项资金用以帮助贫困家庭特别是特困户脱贫。由于我国的贫困人口主要集中在中西部的山区、革命老区、少数民族地区等，这一时间段的政策措施取得了较为明显的效果。1992 年，我国贫困人口规模由 1985 年的 1.25 亿人降到约 8000 万人，平均每年消灭贫困人口 624.8 万，贫困人口在全国农村总人口中的占比也下降到了 8.8%。

1994 年我国制定出台了《国家八七扶贫攻坚计划》，主要目标是用 7 年左右的时间彻底解决 8000 万贫困人口的温饱问题。在总的要求上，国家提出坚持开发式扶贫的思路，以调整后的 592 个国定贫困县为重点，中央财政、信贷等扶贫开发资金主要投放到这些地区。在资金投入方面，以中西部省份为主要对象，重点向贫困地区倾斜，以中央投入为主，同时加大省市对贫困地区的投入力度。在扶贫脱贫责任制上，实施中央统一领导，省市县分级负责，同时以省为主。"八七"扶贫的主要创新在于把经济开发与扶持农户联系在一起，将扶贫脱贫工作指标量化到户；将扶贫开发资金的使用与农户经营效益直接挂钩，将贷款回收比例当作衡量扶贫脱贫工作效果的一个重要指标。1994～2000 年，"八七"扶贫投入资金从 1994 年的 97.85 亿元人幅上涨到 2000 年的 248.15 亿元，中央扶贫资金共投入了 1127 亿元，是 1986～1993 年资金投入量的 3 倍。

经过 7 年左右的扶贫开发，国定贫困县贫困人口的规模与分布情况发生了显著变化，投入资源较多的县相比其他地区脱贫减贫速度明显加快。到 2000 年底，除了少数社会保障群体与自然条件极其恶劣地区的居民外，国家"八七"扶贫攻坚目标基本实现，其中农村没有解决温饱的贫困人口数量从 1985 年的 1.25 亿人降至 2000 年的 3000 万人，贫困发生率由 14.8% 下降至 3%。《国家八七扶贫攻坚计划（1994—2000 年）》的推进对国定贫困县的农村经济发展和脱贫减贫产生了积极的作用。一是生产生活条件明显改善。计划实施期间，592 个贫困县共开发和改良基本农田 6012 万亩，建设公路 32 万公里，解决了 5351 万人和 4836 万头牲畜的饮用水问题，通电、通路、通邮、通电话的行政村占比分别为 95.5%、89%、69%、67.7%，部分指标已接近或者达到了全国平均水平。二是经济发展速度明显加快。计划实施期间，国定贫困县农业增加值累计增长 54%，平均每年增长 7.5%；工业增加值累计增长 99.3%，平均每年增长 12.2%；地方财政收入累计增长接近 100%，平均每年增长 12.9%；粮食产量累计增长 12.3%，平均每年增长 1.9%；农民人均纯收入由 1994 年的 648 元增加到 2000 年的 1337 元，平均每年增长 12.8%。所有指标均快于全国平均水平。三是各项社会事业全面发展。贫困县农村贫困人口增长的势头得到了有效控制，教育办学条件得到了明显改善，适龄儿童辍学率降至 6.5%；大部分乡镇卫生院得到了重新改造，每万名人口医生数量实现了较快增长，缺医少药的情况普遍有所缓解；一大批农业实用技术得到推广，科学种田水平明显提高。扶贫开发促进了经济发展、基础设施建设、社会稳定与民族团结，为我国接下来进一步推进现代化建设、打响全面建成小康攻坚战奠定了坚实的基础。

（四）全面建成小康社会中的扶贫开发阶段（2001～2012 年）

进入 21 世纪后，伴随着我国整体贫困程度的不断降低与贫困人口规模的持续减少，农村贫困人口分布出现了"大分散、小集中"的特征。即从总体上看，贫困地区的面积在进一步缩小，尚未摆脱贫困的地区呈散沙状分布在全国各地；同时由于贫困人口的继续减少，以往那种大规模的贫困人口集聚情况已经非常少见，转而呈现在小区域集中的特征。贫困县和非贫困县之间的差距也在逐步缩小，甚至出现了贫困县农村发展水平高于经济条件相似的非贫困县的情况。在这种情况下，以往那种以县域为单位进行扶贫开发的工作思路已经不合时宜，应该转向更低层次的行政村和社区。针对这一情况，国家审时度势，提出了这一时期扶贫脱贫工作的主要任务：第一，通过发展经济和财政转移支付，尽快解决还没有实现温饱的贫困人口的问题；第二，协助刚刚解决温饱的贫困人口进一步改善生产生活条件，巩固已有的扶贫脱贫成果，提升生活质量；三是强化贫困地区的基础设施建设尤其是道路和农田水利设施，加大教育、医疗、文化等方面的投入，逐步改变这些地区社会、经济、医疗教育的落后现状。这一时期扶贫开发工作根据中国农村贫困人口的分布状况与特点，将重点放在了贫困人口相对比较集中的少数民族地区、革命老区、边疆地区与特困地区。依据集中连片的原则，在上述四类区域内，综合农民收入水平、贫困人口规模、生产生活条件等要素，确定一批脱贫任务比较重的县，作为扶贫开发工作重点县，中央予以重点支持。中央扶贫资金主要投放在扶贫开发工作重点县、主要用于重点县的贫困农村，对上述四类地区其他县的贫困农村也适当支持。同时，动员全社会对贫困地区扶贫济困、捐款捐物，包括党政机关定点联络、发达地区对口帮扶、东西扶贫协作等。

2001年，我国制定出台了《中国农村扶贫开发纲要（2001-2010年）》，标志着我国扶贫开发工作进入巩固扶贫成果、提高发展能力、缩小发展差距的综合开发阶段，并将贫困人口集聚的少数民族地区、革命老区、边疆地区与特困地区作为扶贫开发的重点。《中国农村扶贫开发纲要（2001-2010年）》是《国家八七扶贫攻坚计划（1994-2000年）》之后又一个指导扶贫开发工作的行动纲领。以此为标志，我国的扶贫开发进入了一个新的阶段，针对新时期的贫困问题，扶贫开发的工作重点开始从县转向乡镇与村，扶贫工作实现了进一步推进。2001年除了592个扶贫开发重点县外，还确定了14.8万个贫困村作为扶贫脱贫的工作重点，强调以村为单位调动农民的积极性，参与农村扶贫综合开发，实施"整体推进"，扶贫的范围与深度进一步扩大。将扶贫对象扩展到村的主要原因有以下三点。一是单纯以县进行定点扶持会遗漏很多非贫困县的贫困地区人口，导致贫困县与经济发展条件相似的非贫困县之间差距的扩大。二是由于多年的扶贫脱贫支持，贫困地区尤其是贫困县、乡镇的经济发展水平已经得到了较大幅度提升，而贫困村的发展基础还比较薄弱，贫困人口脱贫的速度要慢于县与乡镇。三是将扶贫开发的重点从县一级转向乡镇与村，可以在更大程度上避免扶贫开发过程中的贪污腐败、扶贫资金分配不合理等现象的发生，使得扶贫资源更好地用在贫困人口上，从而最大限度消除农村地区贫困现象。所以以贫困程度较深的村为单位进行扶贫开发在当时是一个比较合理的选择。

实践证明，国家根据脱贫减贫新形势、新问题，将扶贫工作重心与扶贫开发资源下沉（进村入户），并建立起以贫困村为重点的"一体两翼"扶贫体系，取得了比较明显的减贫效果，在扶贫资金的使用效益、农民参与积极性等方面都有了较大幅度的提升。在同一县域内，实施扶贫开发整村推进的贫困村农民人均纯收入比没有实施的村的人均纯收入增长幅度高出 20%。从 2001 年到 2009 年，贫困村农民人均纯收入的增速超过了贫困县的平均水平，基础设施与公共服务的改善速度也快于贫困县。就脱贫减贫效果来看，依据 2010 年人均年纯收入 1274 元的标准衡量，我国农村贫困人口由 2000 年的 9422 万人下降到了 2010 年的 2688 万人，减少了近 7000 万人；贫困人口占农村总人口的比重由 2000 年的 10.2% 下滑到了 2010 年的 2.8%，降低了 7.4 个百分点。

（五）十八大之后的精准扶贫脱贫阶段（2013 年至今）

伴随着体制改革持续深入推进和国内外经济社会发展形势的不断变化，我国反贫困的形势呈现了复杂化和多样化的特点，随着绝对贫困的基本消除，相对贫困、返贫现象日益严重，扶贫脱贫任务变得更加艰巨。一是随着经济社会的发展，以往的贫困标准已经不再适应现实情况，伴随着扶贫标准的提升，我国农村地区尤其是中西部的偏远地区依然存在大量的贫困人口。依据新标准，2011 年我国农村贫困人口总数为 1.22 亿人，占比接近 10%。二是部分农村贫困人口尚没有形成有效的脱贫致富能力，因病因学返贫现象时常发生，加上贫困地区劳动力外出打工，留守儿童、留守老人众多，农村劳动力明显不足、空心化现象突出，农村相对贫困问题凸显。党的十八大以后，党中央高度重视扶贫脱贫工作，以习近平同志为核心的党中央许下了庄严的承诺：绝不让一个贫困群众掉队，确保到 2020 年农村贫困人口全部脱贫。2012 年 11 月，习近平总书记宣示：人民对美好生活的向往，就是我们的奋斗目标。2013 年，习近平总书记在湖南考察时首次提出了"精准扶贫"的概念，同年国务院制定出台了《建立精准扶贫工作机制实施方案》，由此在全国范围内拉开了精准扶贫工作的序幕。精准扶贫脱贫的基本要求与主要途径是六个精准与五个一批。六个精准就是扶持对象精准、项目安排精准、资金使用精准、措施到户精准、驻村帮扶精准、脱贫成效精准；五个一批就是大力发展生产脱贫一批、易地搬迁脱贫一批、生态补偿脱贫一批、发展教育脱贫一批、社会保障兜底一批。习近平总书记在 2015 年减贫与发展高层论坛、中央扶贫开发工作会议、中央政治局常委会会议审议《关于 2016 年省级党委与政府扶贫开发工作成效考核情况的汇报》时均发表了重要讲话，全面部署与推进脱贫攻坚。这些讲话和指示深刻指出了当前我国扶贫开发的极端重要性与艰巨性，系统论述了打赢脱贫攻坚战的根本出路——实施精准扶贫脱贫方略，向国际社会发出了构建人类命运共同体的倡议。

为了打赢这场脱贫攻坚战，中央改变了以往以贫困县和贫困村为主体的扶贫开发模式，把精准扶贫脱贫作为基本方略，将贫困家庭与贫困人口当作帮扶对象。这种模式的变化是基于两个现实情况，一是我国贫困人口的分布已经由以往的较大规模集聚变为"大分散、小集中"，将帮扶对象细化到家庭乃至个人有利于提升扶贫效率；二是以往的以贫困县和贫困村为主体的扶贫模式容易忽视、遗漏部分贫困人口，从而不能保证扶贫开发中的平等受益，而政府有限的财力也决定了没有办法实施普惠式的转移支付来实现综合兜底。所以，要到 2020 年实现全部贫困人口的脱贫，就必须精准识别、定点帮扶贫困人口，即使其不在贫困县和贫困村。从区域扶贫开发变为精准扶贫，以贫困家庭和个体为单位因户因人施策，是完成脱贫攻坚任务的必然选择。在这一时期，脱贫攻坚的顶层设计已经完成，为打赢脱贫攻坚战建立了制度保障。一是建立了脱贫攻坚责任体系。中央出台了脱贫攻坚责任制实施办法，强化"中央统筹、省负总责、市县抓落实"的管理体制，构架起了责任明晰、各负其责、协同攻坚的责任体系。中西部地区省级党政主要负责人向中央、市级向省级、县级向市级立下了扶贫脱贫军令状，贫困县党政一把手在攻坚期内保持经济社会稳定发展，形成了五级书记抓扶贫、全党动员促攻坚的局面。这种制度体系符合我国扶贫脱贫实际，可以最大限度上发挥政治优势与制度优势，合力打响脱贫攻坚战。二是建立了脱贫攻坚政策体系。党和政府做出了打赢脱贫攻坚战的决定，十八大以后出台实施了 100 多个政策文件或实施方案。为响应中央的政策精神，依据自身的特点和现实情况，全国各地也相继出台了"1 + N"脱贫攻坚系列政策，主要内容包括产业扶贫、易地搬迁扶贫、劳务输出扶贫、教育扶贫、金融扶贫等。这些政策措施思路明确、目标合理、对策全面，契合当地的扶贫脱贫实际情况，很多"老大难"问题得到了有效解决。三是建立了脱贫攻坚投入体系。物质投入是一切投入的基础，中央指出，扶贫资源的投入要与脱贫攻坚战的需求相匹配，不可过多，更不能不足。在资金投入上，2016 年中央与省级财政专项扶贫资金首次超过了 1000 亿元，其中中央达 667 亿元，比上年增长 43.4%；省级达 493.5 亿元，比上年增长 56.1%。从 2013 年到 2017 年，中央财政累计支出专项资金 2787 亿元，平均每年增长 22.7%。"十三五"期间，国家将向省级扶贫开发投融资主体投入约 2500 亿元，主要用于易地扶贫搬迁。在金融方面，各类金融机构也加大了对扶贫开发的帮扶力度。从 2013 年到 2017 年，我国扶贫开发小额信贷资金累计发放了 3113 亿元，共支持了 868 万贫困户脱贫致富，保险业和证券业扶贫的工作力度相比以往也明显加大。四是建立脱贫攻坚的社会参与机制。以往的扶贫开发主要是各级政府主导，贫困群体参与，社会力量参与力度明显不足。十八大之后，党和政府提出要实施多主体参与扶贫，就是要充分发挥各方面的优势，加快形成专项扶贫、行业扶贫、社会扶贫等多主体的"三位一体"大扶贫格局。同时，加快建设国家扶贫开发大数据平台、省级融资平台、县级资金项目管理平台、贫困村工作落实平台以及社会对接平台。不断强化东中西部的交流与合作，努力提升东中西部扶贫协作能力与水平；实施定点帮扶机制，充分发挥党员干部在扶贫脱贫中的先锋模范作用，强化党政机关和党员定点扶贫；积极动员民营企业、社会团体、志愿者捐款、捐物、捐力，参与脱贫攻坚，形成社会合力。在此基础上，弘扬自力更生、艰苦奋斗的精神，激发贫困群众脱贫致富奔小康的积极性、主动性和创造性，不断提升其农业种植管理能力、农业技术水平与综合发展能力。五是建立了脱贫攻坚监督评估体系。中央出台实施了脱贫攻坚督查巡查工作办法，对各地各部门落实中央政策部署展开了督查巡查。监督检查坚持目标导向，巡查坚持问题导向，着力解决扶贫开发中群众反映的突出问题。扶贫责任部门强化与纪检监察、审计、媒体、社会等各方监督力量的合作。2016～2020 年，中央每年开展一次考核，由国务院扶贫开发领导小组组织进行。考核主要内容包括减贫效果、精准帮扶、扶贫资金使用等方面，涉及建档立卡贫困户数量、农村居民收入、群众帮扶满意度、扶贫资金使用绩效等指标，并将考核评估结果作为部门和干部工作业绩的重要内容。

党的十八大以后，党中央和国务院审时度势提出了精准扶贫脱贫基本方略，各地各部门齐抓共管、密切协作，社会各界力量积极参与、协同攻坚，脱贫攻坚成效显著。农村贫困人口持续大规模减少，2013～2016 年我国农村贫困人口每年平均减少 1391

万人，累计减少 5564 万人；贫困发生率由 2012 年的 10.2% 降至 2016 年的 4.5%，降低了 5.7 个百分点。农村贫困人口的大幅度减少，为全面建成小康夯实了坚实的基础，农村贫困人口的生存发展能力得到了有效保障。2012 年以来，国家累计安排中央预算资金 404 亿元，地方统筹中央与省级财政专项资金达 380 亿元，通过各种方式累计搬迁贫困人口 591 万人，加快了贫困群众的脱贫致富步伐。可以预计，到 2020 年，我国现行标准下的农村贫困人口将实现全部脱贫，这意味着几千年来绝对贫困问题将会得到历史性解决，我国也会提前 10 年实现联合国 2030 年可持续发展议程确定的减贫目标。

三 中国反贫困发展的基本经验

在将近 70 年的反贫困历程中，党中央与各级政府根据不同时期的贫困特点，因时、因地、因人施策，贫困人口大幅减少，贫困地区经济社会发展水平明显提升，扶贫脱贫工作取得了明显成效，积累了非常丰富的理论与实践经验。概括起来，就是一个根本、两个保障、三个结合与四个目标的多位一体的扶贫脱贫模式。

（一）坚持一个根本：加快推进经济建设与发展

经济基础决定上层建筑，经济发展是一切发展的根本，也是脱贫攻坚最重要的着力点。新中国成立 70 年以来，通过家庭联产承包责任制、改革开放等体制机制改革，以及五年发展规划、三线建设等国家战略，我国政府始终将发展作为执政兴国的第一要务，持之以恒，经济社会基本实现了健康、快速、可持续发展。经济的快速增长强化了政府财力、提供了更多的就业机会，使国家与地方政府可以将更多的资源用于扶贫开发建设。对比新中国成立以来反贫困的五个阶段可以发现，新中国成立后由于经济基础薄弱，国家只能将有限的扶贫资源应用到特定地区与特定群体的脱贫，无法整体推进；改革开放后，经济发展迅速，国力迅速增强，国家可以将更多的资金、人力与物力投入扶贫开发，扶贫对象也由特定群体发展到国定贫困县、贫困乡镇与贫困村，扶贫脱贫的广度与深度进一步增强；进入 21 世纪后尤其是十八大之后，国家对扶贫脱贫的重视程度进一步提高，投入了更多的资源，扶贫对象也由行政村与自然村发展到贫困户甚至贫困个体，实施"精准扶贫"，打响了脱贫攻坚战，强调一个都不掉队，到 2020 年贫困县、贫困乡镇与贫困村全部摘帽，为实现全面小康、迈向现代化打下了坚实的基础。

（二）提供两个保障：物质保障与政治保障

一是物质保障。经济发展是一切发展的根本，物质投入更是扶贫开发投入的根本，是扶贫开发投入的最直接形式，也是扶贫开发的物质保障。新中国成立后到现在，我国通过制定实施了一系列专项扶贫计划，动员全社会广泛参与支持贫困地区的建设与发展，无论是通过转移支付、以工代赈、直接发放物资还是基础设施建设，物质投入一直是最重要的环节。加大对贫困地区和贫困户的投入，改善农村基础设施服务能力，使教育卫生等社会公共事业实现了快速发展，增加了人力资本积累，从而提高了贫困人口的综合素质，对于减贫脱贫提供了坚实的物质保障。

二是政治保障。新中国成立以后，我国先后出台实施了一系列有利于农村发展和脱贫减贫的政策方案，形成了脱贫减贫的制度体系，这些政策方案在贫困人口标准、资源投入、参与主体、绩效考核等方面均有明确规定，为脱贫扶贫工作的持续推进提供了政治保障。如20世纪50年代初，我国完成了农村土地制度改革，明确了农民对土地的所有权。1978年的十一届三中全会之后又建立家庭联产承包责任制取代了人民公社制度，确立了农民对土地的完全自主权，极大地调动了广大农民的生产积极性，农业生产力得到了极大释放，消除了制约农村贫困的根源。此外，我国还通过出台政策构建了社会保障制度、义务教育制度、卫生保健制度等，其中影响较大且意义深远的政策主要包括1984年出台的《关于帮助贫困地区尽快改变面貌的通知》，1994年出台的《国家八七扶贫攻坚计划（1994－2000年）》，1996年出台的《关于尽快解决农村贫困人口温饱问题的决定》，2001年出台的《中国农村扶贫开发纲要（2001－2010年）》，2008年出台的《关于共同促进整村推进扶贫开发工作的意见》和2013年出台的《建立精准扶贫工作机制实施方案》等。实践证明，国家通过制定和实施这些制度及政策，一方面促进了农村经济与社会发展，另一方面保障了农民的基本合法权益，为贫困人口的全面发展提供了制度保障，为贫困人口如期脱贫和全面实现小康奠定了制度基础。

（三）实施三个结合：政府主导与社会参与、扶贫开发与自力更生、渐进式与"中国式"扶贫相结合

一是政府主导与社会参与相结合。在我国，扶贫脱贫是缩小区域和个体发展差距，消除贫困，进而实现共同富裕的战略性举措，也是党和政府主动承担的历史责任。新中国成立后到现在的70年里，我国始终高度重视扶贫工作，以政府部门为主导，将扶贫开发作为国民经济与社会发展的重要内容列入中长期规划，并且设立了自中央到地方的扶贫开发领导小组，构建了一个主要依

靠行政力量自上而下推进的扶贫开发管理体系。同时，将全社会参与当作扶贫开发的一个重要组成部分，积极组织动员各方面的力量参与到扶贫攻坚工作中来。其中，包括东部发达地区对中西部贫困地区的扶贫协作和定点扶持；党政机关和领导同志对贫困地区和贫困个体的定点帮扶；私营企业、社会团体与组织、志愿者对贫困群体的无私帮助，尤其民营企业以就业扶贫等形式为贫困群体提供了重要的收入来源，解决了一大批贫困人口就业问题，是社会参与的一支重要力量。通过政府部分主导和社会各界的广泛参与及支持，形成了全社会、全方位扶贫济贫的良好局面，也是非常具有中国特色的有效的扶贫模式。

二是扶贫开发与自力更生相结合。新中国成立后到现在的70年里，我国对贫困群体的帮扶经历了从实物救济到扶贫开发再到扶贫与自身发展相结合的基本过程。新中国成立后到改革开放之前，由于受国家财政、现实条件和思想束缚，我国的扶贫脱贫基本上是以实物救助为主，很少从贫困群体自身发展出发考虑问题，这样造成的结果就是不能从根源上消除贫困群体发展的制约因素，扶后还是穷，穷了还要扶，同时没有有效调动贫困群体脱贫的主动性，形成了恶性循环。自20世纪80年代起，党和政府开始意识到这些问题，彻底否定了以往的救济式扶贫转而实行开发式扶贫，坚持以贫困群体的需求为导向，充分发挥贫困人口的主观能动性，通过广大干部和贫困群体自身的努力共同解决贫困问题，主要就是通过提供信贷资金发展生产、兴修水利、以工代赈等，让广大贫困群众意识到扶贫脱贫不再只是政府的事，不再"衣来伸手、饭来张口"，让贫困群众真正参与到扶贫开发中来，实现自身的价值。各种数据显示，通过实施扶贫开发与自身发展相结合，贫困地区和贫困人口的消减速度明显快于以往，贫困地区经济社会的发展也更加健康快速。实践证明，坚持这个思路是正确的、成功的，必须长期执行下去。

三是渐进式与"中国式"扶贫相结合。我国的反贫困历程具有明显的渐进式和自身特色，渐进式主要体现在随着国民经济的发展和贫困形势的变化，我国不断调整自身的扶贫开发思路与政策，以更加适应扶贫脱贫的现实情况，实现扶贫脱贫工作效益的最大化。这些思路和政策的衔接是渐进式的，没有出现根本性的转变，这保证了我国扶贫脱贫工作的延续性。另外，我国的扶贫开发工作具有非常明显的中国特色，例如在贫困标准的制定上，党和政府不断根据经济发展和扶贫开发的形势变化调整贫困标准，确保扶贫资源用在最需要的群体上。改革开放以后，我国创造性地甄选了 500 多个贫困县和 14 万多个贫困村进行重点扶持，这在大区域和大规模减贫方面起到重要作用，贫困人口实现了大幅减少。十八大之后，我国又创造性地提出了"精准扶贫"的概念，通过精准识别、建档立卡，将帮扶对象进一步落实到贫困户和贫困个体，确保在反贫困道路上一个不掉队，为贫困地区如期实现摘帽和全面小康提供了坚实保障。这些具有中国特色的扶贫思想和模式在我国反贫困道路上起到了举足轻重的作用，同时为世界反贫困斗争提供了非常有借鉴意义的案例与样本。

（四）实现四个目标：推进贫困地区经济、政治、文化与社会全面发展

贫困是一种非常复杂的社会现象，原因是多方面的。要想从根本上解决贫困问题，需要从多方面入手，实现贫困群体的全面发展。新中国成立后到改革开放以前，由于实力有限、贫困人口众多，国家只能最大限度地解决贫困群体的生存问题，发展问题

则不得不放在次要位置。因此，这一时期，解决温饱问题就成了扶贫脱贫的最大问题。改革开放后，经济实力得到了迅速提升，国家开始有足够的资源用于贫困地区的社会发展。"八七扶贫"期间，国家就在加快贫困地区经济建设的同时，积极发展科教文卫事业，其中特别重视基础教育、职业技术教育与实用技术培训，有效地促进了贫困地区经济社会的全面发展。自从十六届五中全会提出建设社会主义新农村的重大历史任务以后，我国就将推进贫困地区的经济、政治、文化、社会全面发展当作扶贫开发工作的主要目标，这为当时和以后的扶贫工作指明了方向。在经济建设上，鼓励集体经济和多种所有制经济共同发展，通过兴修水利、实施以工代赈、科技人员下乡进行技术培训等方式，不断提升贫困地区经济发展的活力与潜力。在政治事务上，不断扩大贫困群体的话语权和影响力，给予贫困群体最大限度的政治权利。在文化上，通过加大资金扶持力度，建设了一大批农家书屋、村民文化活动广场、文化娱乐中心等，不断丰富贫困地区群众的精神文化生活，让贫困地区的人民吃得饱、穿得暖，还活得好。在社会发展上，不断加大教育、卫生的支持力度，通过兴建学校、乡镇卫生院等基础设施，提升教师和医生福利待遇，推行义务教育制度等方式，提升了贫困地区的教育医疗水平，使贫困群体的自身素质得到了大幅强化；同时，着力实施社会保障兜底制度，贫困地区在享受国家已有福利制度的同时，还可享受特定政策的扶持。这一系列举措使贫困人口解决了看病难、上学难、住房难、养老难等社会问题，在更大程度上推进了贫困地区经济、政治、社会和文化的全面可持续发展。

第二章　湖南省脱贫攻坚实践现状

自党的十八大以来，湖南省上下深入贯彻中央和省委省政府决策部署，扎实推进脱贫攻坚，取得了明显成效。全省各级各部门在省委、省政府的正确领导下，以集中连片特困地区、革命老区和民族地区为重点，坚持"资金跟着穷人走、穷人跟着能人走、能人跟着产业项目走、产业项目跟着市场走"的"四跟四走"产业精准扶贫思路，着力构建专项扶贫、行业扶贫和社会扶贫"三位一体"大扶贫格局，着力精准脱贫方略，确保了阶段性脱贫目标的顺利实现，为全面完成脱贫目标任务奠定了坚实的基础。但在取得脱贫攻坚成绩的同时，仍然面临不少困难，如果不能加以重视，可能影响脱贫攻坚效果巩固和贫困地区的可持续发展。

一　脱贫攻坚推进状况

近些年来，在中央的决策部署下，湖南省全面推进精准扶贫的落实，加强组织领导，加大投入力度，创新体制机制，扎实推进扶贫开发工作，各方力量全力投入扶贫开发工作，湖南省脱贫攻坚取得了明显成效。

（一）建档立卡贫困人口脱贫成效明显

党的十八大以来，脱贫攻坚档卡建设整改、问题整改核查评估、组织开展建档立卡"回头看"、数据清洗与修正先后开展，推动动态调整管理等工作，湖南省 2016 年剔除不准确对象 34.14 万人，纳入符合条件的对象 34.86 万人。2016 年初，全省识别建档立卡贫困人口 454 万人，2016 年、2017 年分别净脱贫 98 万人、140 万人，截至 2017 年底，全省建档立卡贫困人口达 216 万人。全省农村贫困人口从 2016 年底的 356 万人降到 2017 年底的 216 万人，贫困发生率由 6.36% 降至 3.86%。

（二）贫困地区经济发展速度不断加快

近些年，湖南贫困地区县域经济发展通过突出地方特色、积极转变经济发展方式，取得了较快发展。2017 年与 2015 年相比，51 个扶贫开发工作重点县市，地区生产总值由 5499.65 亿元增加到 6610.98 亿元，增长了 20.21%；地方财政一般预算收入由 376.23 亿元增加到 445.36 亿元，增长了 18.37%。全省积极推进水、电、路、业、房、环境整治"六到农家"。到 2017 年底，解决了 150 万建档立卡贫困人口的安全饮水问题；2009 年至 2017 年，国家下达湖南省危房改造任务 133.31 万户，实际完成 146.54 万户。到 2018 年 5 月，贫困户存量危房改造率为 72.85%；贫困村通宽带比例达 100%；2017 年贫困村农村电网覆盖率为 68.8%，帮助 2000 个贫困村建成村级光伏扶贫电站；解决 3.6 万个 25 户/100 人以上自然村的道路硬化问题，全省 51 个贫困县新改建干线公路完工 421.8 公里，农村公路建设累计完工里程 8643 公里，建成农村客运招呼站 626 个；为 11 个贫困县安排土壤污染防治中央专项资金约 1.4 亿元，加大防治力度，安排 9000 多万元在贫困地区启动一批水污染治理项目，改善环境质量、促进生态文明建设；扶贫搬迁 2016~2017 年改善了 50 万人的生存条件。

（三）贫困地区农民人均可支配收入增长较快

根据国家统计局湖南调查总队监测，湖南省 51 个贫困县农村居民人均可支配收入由 2015 年的 7575 元增加到 2017 年的 9268 元，增长 22.3%，2017 年 51 个贫困县农村居民人均可支配收入比全省农村居民平均水平增速高 2.3 个百分点。2017 年，40 个国家片区县和重点县农村居民人均可支配收入达到 8912 元，增幅均高出全省平均水平。与此同时，2017 年 11 个深度贫困县农民收入增速高于 51 个县的平均增速，农民收入增加较多，人均可支配收入达到 7796 元，增长 13.0%，比全省农村居民平均增速高 4.6 个百分点，比 51 个县平均增速高 2.3 个百分点。

（四）贫困地区公共服务水平进一步提高

全面改善贫困地区义务教育薄弱学校的基本办学条件，截至 2017 年，开工率和竣工率居全国前列；2017 年，安排 12 亿元支持贫困县建设 40 所"芙蓉学校"；各地普遍实行了贫困人口就医"一站式"结算和"先诊疗后付费"。2016 年，为贫困地区乡镇卫生院、有条件的村卫生室配备健康一体机 9000 多台；截至 2017 年底，全省贫困村光网通达率和 4G 网络有效覆盖率分别达到了 83.6%、93.75%；2017 年为 70.92 万名困难人员代缴居民养老保险费 6100 万元；截至 2017 年底，已完成 279 个贫困地区村综合文化服务中心示范点、1000 个少数民族自治县村综合文化服务中心的文化器材配置任务。转移就业步伐加快，湖南省委、省政府专门出台了

《关于支持贫困地区发展产业、扩大就业的若干政策》，明确了 10 个方面的优惠支持政策，为贫困地区发展劳动密集型产业创造有利环境。创建全国首个贫困劳动力劳务协作市场，建立劳务协作"三张清单"（任务清单、稳岗清单、责任清单），出台优惠政策，推进贫困劳动力稳定就业，2017 年新增 15.6 万贫困劳动力就业；开发农村道路维护、环卫保洁等公益性岗位近 10 万个，优先安排贫困劳动力就业；建设"扶贫车间"700 多家，帮助 3 万多名贫困群众实现家门口就业。

（五）社会帮扶合力日益增强

通过不断完善优势互补、互利共赢的社会扶贫帮扶机制，狠抓"中国社会扶贫网"试点上线工作，深入推进"万企帮万村"，湖南省已基本形成党政机关定点帮扶、中直单位定点扶贫、公司企业共建扶贫、社会慈善救助的社会扶贫新格局，显现出巨大的活力和潜力。

1. 驻村帮扶、结对帮扶实现全覆盖

深入开展"万企帮万村"精准扶贫工程，引领全省民营企业、商业协会积极参与脱贫攻坚，着眼长效脱贫，精准结对，精准帮扶。优先选派优秀后备干部担任驻村工作队员，2017 年向贫困人口在 100 人以上的非贫困村新增派驻工作队 1.12 万支，全省共组建驻村工作队近 1.8 万支；组织全省 60 多万名党员干部在"一进二访"活动中与 190 万户贫困对象"结穷亲"，2017 年动员"两代表一委员"参与结对帮扶活动，增加帮扶责任人 8.1 万人，实现驻村帮扶和结对帮扶"两个全覆盖"。截至 2017 年底，全省共有 4574 家民营企业对接帮扶 5052 个贫困村，投资金额 93.5 亿元，实施 8574 个项目，带动贫困人口 60 万人。通过村企共建模式，组织企业到贫困村兴建基地、联办企业，不仅提高了贫困村产业发展的水平，直接带动贫困人口增收，而且为企业发展提供了新的增长点。

2. 中直单位定点扶贫扎实有力

自1994年党中央、国务院实施中央机关单位定点扶贫以来，农业部、财政部、国土资源部、商务部、中石化、光大集团、中铁总公司、五矿集团、中远集团、湖南大学、中南大学等14家中央单位，先后在湖南省20个国家扶贫开发重点县开展定点扶贫。2016～2017年，14家中央单位累计直接投入资金4亿元，争取、帮助引进资金9亿元，帮助新上项目400多个；组织开展劳务就业、农村实用技术培训班等培训各类人员10万多人次，极大地促进了当地经济社会发展，加快了贫困农民脱贫致富步伐。

3. 扶贫协作扎实稳步推进

启动济南市湘西州东西部扶贫协作，组织济南市7区与湘西州7县开展"携手奔小康"行动。双方编制了扶贫协作规划，签订了"1+7+11"扶贫协作框架协议，明确了资金支持、帮扶重点、对接机制等重要内容。2017年，济南市和所辖区两级财政在湘西州共安排援助资金8200余万元，双方派出17名干部挂职交流，启动26个产业合作项目。持续开展省内对口帮扶，组织长沙、湘潭、岳阳、衡阳、株洲、常德、郴州7市分别对口帮扶湘西州龙山、永顺、保靖、花垣、泸溪、古丈、凤凰7县。2016～2017年，7市在7县直接投入财政资金5亿元，实施援建项目80多个，带动10万人以上人口脱贫。深入开展携手奔小康行动，从2016年起长沙县、浏阳市、宁乡县、醴陵市4个经济强县（市）分别与沅陵县、邵阳县、新化县、炎陵县4个贫困县精准对接。4县在对口帮扶县直接投入财政资金2200多万元，援建或引进项目

20 多个，带动 2 万人以上人口脱贫。2018 年，新增雨花区、芙蓉区、天心区、开福区对口帮扶桑植县、麻阳县、通道县、城步县。

4．"互联网＋"社会扶贫深入开展

全面推进"中国社会扶贫网"上线应用，依托贫困人口建档立卡数据信息系统，通过搭建社会资源与贫困地区、贫困对象的有效对接平台，实现供给资源和帮扶需求精准对接，提高社会扶贫资源的配置与使用效率。截至 2017 年底，湖南省爱心人士注册数量达 380 万人，贫困户注册数达 160 万户，管理员注册数量达 5.9 万人；发起贫困户需求 150 万条，对接成功 105 万条，对接成功率达 70%。

5．社会慈善救助良风蔚然兴起

2016～2017 年，湖南省社会各界通过省慈善总会广泛参与安老、扶幼、助学、济困、救灾等慈善活动，累计捐赠款物 20 亿元以上。启动全省万家社会组织进千村联万户"万千万"活动，结对帮扶困难群众 1.3 万户，为每户贫困户帮扶款物 2000 元以上。深入开展"我想有个家"安居工程公益募捐活动，2017 年全省各地通过众筹募集资金 1.2 亿元，帮扶 1 万多贫困户解决危房改造自筹资金困难问题。联合爱尔眼科医院集团发起"善行湖南——万人眼健康公益行"活动，每年为 1 万名以上贫困眼疾患者免费实施白内障、胬肉和近视手术，达到"治好一个、解放一家、脱贫一家"的目的。截至 2017 年底，累计救助 23000 多名贫困眼疾患者，其中建档立卡贫困眼疾患者 8000 余人。争取泛海控股集团开展扶贫助学，2017～2020 年捐赠 2 亿元资助 4 万名贫困大学新生。

（六）贫困群众脱贫内生动力增强

在政府扶贫政策激励和社会帮扶下，贫困群众脱贫内生动力不断增强，贫困群众和家庭收入增长较快。根据全国农村贫困监测调查结果，2017 年贫困地区农村居民人均可支配收入达 9377 元，扣除价格因素影响，实际增长 9.1%，比全国农村平均水平高了 1.8 个百分点。2013~2017 年，贫困地区农村居民人均可支配收入年均实际增长 10.4%，比全国农村平均水平高了 2.5 个百分点。大大加快了贫困地区脱贫摘帽进程，使原生贫困户数量大大减少。在与湖南省平江县一位乡镇干部的访谈中了解到，大多数贫困户还是很想早日脱贫摘帽的，毕竟戴着贫困帽子在乡里邻间不是件光彩的事；尤其是家有单身青年的贫困家庭，更是想早日摘掉贫困帽，因为会影响娶媳妇。平江县梅仙镇石岭村一贫困户这样说道："不知从何说起党的恩情，我是一个掉队的人。从古至今，未有当今社会这样，就是我的祖先也未能如此眷顾我。帮扶干部经常上门服务，在他们的关心下，我发展产业，饲养了 50 只鸡，我孙儿享受了教育助学金 4000 元……使我走上了脱贫之路。"这种活动触动了很多贫困户的心灵，唤起了他们自我脱贫致富的信心和决心。

二 脱贫攻坚面临的主要挑战

近些年，湖南脱贫攻坚任务取得了重大进展，但由于湖南是地处中部的农业大省，山区面积大，贫困面比较广，贫困程度较深，经济转型升级压力大，在全球经济下行的趋势下，经济增长放缓，财政压力增大，脱贫攻坚面临诸多困难。

（一）财政资金撬动效应的稳定性难以持续

不可否认，目前财政扶贫资金对金融资本和社会资本参与扶贫的撬动效应起到了重要作用。财政是减贫脱贫的"助推剂"，精准扶贫贷款、社会资本投入和保险的风险补偿金，是解决精准脱贫资金瓶颈的重要手段。但无论是金融资本还是社会资本，根本目的是赚取利润，而扶贫产业往往风险高、回报低，且回报周期相对较长，大多数金融机构和社会资本不愿意介入。在调研中了解到，目前，很大程度是通过财政资金的巨额补贴来带动金融资本和社会资本投入扶贫领域，一旦脱贫摘帽后，财政资金各种风险补偿投入可能就会减少，在金融资本投入扶贫意愿不强的情况下更加抑制金融资本投入农村发展。同时，弱化财政资金的保障，社会资本参与农村经济社会发展的积极性也会大幅减弱，这样不仅在扶贫推进中已经初见雏形的产业会面临新的难题，而且农村基础设施和公共服务能力短板难以补齐，农村经济社会可持续发展将面临诸多挑战。

（二）脱贫救助失衡现象日渐突出

2016～2018年，扶贫政策的落实及扶贫力度的加大，加上"十二五"期间打下的基础，贫困人口得到了更多的实惠，越来越多的贫困人口脱离了贫困队伍。然而，在扶贫脱贫过程中产生了新的不平衡现象。主要表现在两个方面。一是同一村镇的贫困人口与非贫困人口之间的新的不平衡。贫困人口得到了多方的帮助，非贫困人口在居住条件、收入、医保待遇等方面同非贫困人口之间形成反向落差，贫困人口比非贫困人口明显要好，非贫困人口心理失衡，认为经济条件跟贫困人口相比差不多，为什么没有把自己算进去。二是贫困村与邻近的非贫困村之间公共设施、产业发展出现新的不平衡。贫困村的水、电、路、互联网等基础设施比非贫困村的要完善，点对点帮扶下及扶贫资金的投入，使贫困村的产业渐渐培育起来，非贫困村的发展似乎成为被遗忘的角落，因而新的区域发展失衡现象产生了，村与村之间还是不平衡。造成这一问题的原因在于没有用区域整体观念来统筹脱贫与经济发展。

（三）扶贫政策宣传存在不同差距

扶贫政策是扶贫脱贫的重要保障。然而，在扶贫工作中，由于对政策的把握不准，宣传不到位，扶贫效果与政策设计的初衷有一定差距。主要表现在以下两个方面。一是脱贫攻坚政策宣传不到位。各村、各帮扶干部对脱贫攻坚政策宣讲做得不够，不少贫困户对扶持政策不清楚。有些扶贫政策的落实，需要现代通信工具才能完成，比如要求会使用相关 APP，在网上填报资料（如雨露计划），而贫困人口相对文化程度低，不会用电脑，不会用智能手机，造成漏报漏扶的现象。贫困户自我发展意识不足，普遍存在"等、靠、要"思想，不少贫困户对扶贫政策漠不关心，对政府救济心安理得，甚至存在攀比心理，达到了退出的条件，还不想退出。二是一些扶贫政策落实不到位或出现偏差。产业扶贫覆盖贫困户少，产业扶贫信贷政策没有用好用活。有的市县用行政命令给市县村划贫困户小额贷款指标，要求年度必须要给贫困户一定贷款额度，否则就算没有完成扶贫任务。为了完成任务，银行主动找到贫困户，给他们发放贷款，贫困户拿了贷款又不知道怎么投资，把钱又存进银行。有些村还未落实扶贫产业和经营主体，村集体经济收入少。

（四）部门扶贫资金整合欠力度

贫困地区一般都是落后地区，基础设施落后，经济发展落后，人们收入偏低，生活贫困。省、市、县政府安排资金加强社会保障，或者扶持产业发展，或者改善居住环境。部门扶贫资金分散使用，没有很好地整合以发挥最大效益。一是扶贫资金整合力度不够。目前，省、市、县三级扶贫办负责扶贫工作，农业、住建、水利、文化、交通、教育、人社等多个政府职能部门依据中央精神，安排扶贫预算资金。而扶贫办作为扶贫机构，主要职责是贯彻落实党和国家有关扶贫开发工作的方针、政策、措施，难以协调这些部门的扶贫工作。扶贫办有扶贫资金，但扶贫脱贫是一个系统工程，需要各个方面的努力和投入，方能让贫困人口摆脱贫困，在财力有限的情况下，更加需要整合各有关部门的扶贫资金，而事实上是难以整合的。二是扶贫资金未能发挥最大效益。各部门资金难以整合的结果是，各部门在各自分管的领域做一些扶贫工作，农业部门扶产业，住建部门管住房保障，水利部门和电力部门管水电设施，教育部门扶教育，人社部门管社会保障……都使了力，但是效果不太好。有些项目投了资金，后期管理跟不上，导致项目只有开始；有些需要一起投资，比如，住建部门规划将贫困户集中安置，单是解决了住的问题，没有解决就业的问题，又比如发展文化旅游产业带动贫困户脱贫，需要文化旅游部门、农业部门联合起来，而没有牵头单位来协调这些部门。最后形成的局面是，钱花了，却没有整合起来开发高效项目。

（五）扶贫产业发展可持续性不强

由于缺乏对扶贫产业链的通盘考虑以及区域产业整体的统筹安排，扶贫产业发展的可持续性不强。主要表现在三个方面。一是产业同质发展比较多。其一，给贫困村（户）发放种子、种苗、畜禽幼崽，让他们去种（养），没有加以调查研究，没有找到最适合当地实际的种植养殖业。其二，没有选择优质品种，导致不好卖。其三，产业同质现象比较严重，比如都种橘子、猕猴桃、椪柑，没有错位发展。二是市场销路不畅通，农产品深加工产业发展不配套。现有的扶贫产业产品大多缺乏统一的品牌，难以卖到好价钱，目前有些"爱心购"能够部分解决农产品滞销问题。但是，如果市场秩序不良，诚信环境不佳，参与交易各方的合法权益得不到保障，"爱心购"可能被一些商家利用、炒作，使一些好心人上当受骗，影响"爱心购"的接力。贫困村（户）在政府或者对口帮扶单位的帮助下，产业发展起来了，农产品丰收了，却卖不出去。贫困村一般位置比较偏远，给农产品的销售造成不便，出现了丰收却不赚钱的情况。如果有配套的农产品深加工业，可以把丰收年市场暂时消化不了的农产品进行加工。而实际上，发展扶贫产业，没有通盘考虑，农产品深加工产业不配套，卖不出去的农产品只好烂在地里。这挫伤了贫困户依靠劳动脱贫的积极性。三是有些产业完全依靠政府投入和贷款，只有前期投入，没有后期投入，产业发展可能因此中断。例如，光伏扶贫产业项目建成运营后，给贫困村带来了收益，然而后期的光伏设施维护管理缺乏投入，无论是人力还是财力，均没有后期投入，影响光伏扶贫产业的可持续发展。又如，有些贫困地区政府帮助栽种果树，后期却没有人管护，果树存活率不高，或者存活了，生长不好。

（六）贫困地区内生动力提升不够充分

贫困地区脱贫的内在动力不足，脱贫路上仿佛只是被政府牵着走，被帮扶单位或者个人扶着走，而不是主动抓机遇、想办法，贫困地区摆脱贫困的内生动力提升不够充分。其中，主客观原因皆有。一是客观条件制约。这种情况主要出现在生态条件相对较差的高寒山区，对高寒山区的自然条件进行改造需要付出的成本大，改善水、电、路、互联网基础设施所需投入大。基于恶劣自然条件的内生发展动力不强。政府对这些地区进行扶贫，投入产出比不高，扶贫效果不明显。贫困人口在恶劣自然条件面前无望，于是也懒得想门路。二是主观认识不够。长期以来，国家对贫困县财政支出巨大，大大缓解了地方财政支出压力，一些贫困县日子反而比非贫困县好过，造成一些贫困县干部不断想方设法向上级政府争取资金支持，对本地区自身的可持续发展缺乏长远考虑，而习惯于依靠国家和省级财政的供养，一些贫困地区的干部以贫困为荣，甚至有些地方因为被评上贫困县而打横幅庆祝。同时，大规模扶贫政策支持中，一些政策不太接地气，使得一些群众不以贫为耻而以贫为荣，养成了"等、靠、要"思想，一些农户努力争取成为贫困户，甚至有些群众不惜长期上访去争取。一些贫困户甚至经常不怎么做事，等着政府去帮扶。可以说，在政策的压力下，这种"暴风骤雨式"的输血扶贫在脱贫中起到了重要作用，但也使许多干部群众形成了"等、靠、要"的路径依赖，一些贫困户甚至把国家给予看成应当的，抑制了政策效果的发挥。有些贫困人口认为脱贫是政府的事情，甚至有"我脱不了贫，你（干部）过不了关（上级检查关）"这种心态不正的想法。甚至出现有人已经达到了脱贫的条件，却拒绝在脱贫书上签字，想继续"躺在"扶贫政策的"摇篮"里，享受政策的"好阳光"。

（七）集体经济基础需要进一步夯实

贫困村集体经济在非常匮乏的情况下，经财政资金的帮扶，通过对口单位的扶持及村民的参与，渐渐发展起来。村级种养基地、村级旅游接待客栈和村级光伏发电站等经济模式逐渐为村集体经济带来收入。然而,村集体经济发展不快,总量过小,管理模式不科学。怎样管理贫困村集体经济?一个村级种植基地把村民的土地流转到一起搞种植,制度设计为贫困户拿土地租金(按年和土地面积),参与生产再拿一份工资。这种模式初看,非常好,参与土地流转的贫困户可以得到两份收入,至少可以得到一份收入。事实上,政府帮着投入了种子(苗)并播种下去,农业生产需要后期管理——什么时候除草,什么时候除虫害,采摘的时候要请劳力,采摘完了要尽快销售等。这种生产还不能和工厂生产一样,计划什么时候做什么,需要懂农业生产的人到田间地头观察,根据农作物生长情况,决定做什么。而现在的管理模式是村级领导班子兼管集体经济,没有专门管理团队。后期管理跟不上,收益没保障。现在村里集体经济有些收入,可以说是依靠政府投入,将来村集体经济要继续搞下去,做大做强,迫切需要创新管理模式,建立健全制度。

(八) 脱贫后村级债务化解问题不容忽视

这几年,扶贫大都是通过项目来推进的,比如通过产业扶贫项目促进贫困地区经济发展、通过交通扶贫项目改善贫困村交通条件、通过建房扶贫项目改善贫困人口居住条件、通过小额贷款项目缓解贫困户发展资金紧张等。在项目推动扶贫的背景下,贫困村脱贫后可能会出现比较普遍的村级债务。这些村级债务大多在项目申报或项目建设过程中产生。债权人主要有两种情况。一是村级债务的债权人是村集体。在项目制的分级治理和配套资金规则下,基层的项目运作引发了集体债务,成为基层所面临的最大风险。以项目为主要方式扶贫,本来旨在帮助脱贫的项目工程往往因项目需要配套资金而形成农村集体债务。目前国家为了推动农村道路建设，其中每公里路面硬化补贴5万元，通往农户的公路每米补贴10元，其余部分修路费用由农村集体组织出资或者农民自筹。一些村干部为了换取民众在换届中的支持举债修路，但由于许多贫困村基本上没有集体经济来源，脱贫后将面临债务负担。二是村级债务的债权人是过去的贫困户。近两年，小额扶贫贷款发放到贫困户，他们拿着贷款不知道怎么投资，有的用于自家的生活开支。从点上看，每户的贷款数额不大，然而看总数，全省发放的小额扶贫贷款还是不小的数目。贫困户进行投资，如果没有产生收益，或者随意地花掉了，则不能如期归还贷款。这也将成为基层的一个大问题。

（九）消除贫困任务仍然任重道远

中央政策规定，到2020年各地必须全部脱贫。按照目前扶贫工作的推进力度，2020年前湖南省实现这个目标应该没问题。从一个社会的发展来看，消除贫困的任务不是一两个五年规划就能完全实现的。现今的这种扶贫机制下，贫困户脱贫了，贫困村脱贫了，然而留下了上述诸多问题。如果这些问题没有得到很好的解决，在"十四五"期间，贫困人口可能重新返贫，贫困村可能重新出现。消除贫困的任务仍然任重道远。一是思想认识的提高有一个过程。要帮助贫困户改变不正确思想认识，感谢党的好政策，同时个人要努力，善于学习，不断学习，跟上时代发展的步伐，自食其力，勤劳致富。二是从"扶着走"到"独立走"还需要一个过程。政府对贫困地区的脱贫给予了人力、物力、财力等方面的大力支持，特别是在精准扶贫政策下，进村进户帮助脱贫，取得了很好的效果。让脱离贫困的人口离开外力的作用，需要可持续发展的产业作为支撑，然而，市场是瞬息万变的，产业未来发展也有不确定性。三是未来贫困人口数量仍比较大。据湖南省"十三五"规划，湖南省需要政府兜底的贫困人口有195万人，这部分人或失去劳动能力，或因病致贫、返贫，纯粹需要政府扶持才能摆脱贫困。另外，中央提出贫困发生率要控制在4%以内，据此测算，"十四五"期间湖南省贫困人口将在110万人以内。这说明湖南省消除贫困的任务还很重。

三　农村贫困治理的主要影响因素

调研发现，农村贫困治理受内外因素影响。从外部因素来看，主要是政府扶持政策目标偏离、社会力量参与明显偏弱和医疗保障作用发挥不够；从内部因素来看，主要是农民自身文化素质偏低和内生发展动力不足。

（一）政府扶持政策目标偏离

近些年来，贫困村获得了大量政府投入资金，但大部分集中在村组道路、农田水利、人畜饮水、电力、住房改造、沼气、太阳能、天然气、光伏发电等基础设施和亮化工程上。文教卫、产业扶持等投入相对较少。从对 S 县 20 个贫困村政府投入的考察发现，近些年政府基础设施投入占到了80%以上，而文教卫和产业发展扶持投入不足20%。基础设施是贫困村脱贫致富的基础，要促进贫困村可持续发展，加大基础设施投入是一个正确的选择。但更多地关注基础设施和亮化工程，挤压软环境投入和产业可持续发展资金，容易带来短期效益递增而不利于长期发展困境的解决。目前政府的扶持主要是从支出补贴角度考虑减轻贫困户的负担，对其收入增长这条线考虑明显不足，有短期性。扶贫中"注重输血，轻视造血"，对农村可持续发展作用不大。

（二）社会力量参与明显偏弱

脱贫攻坚是一项庞大的系统工程，靠政府"单打独斗"难以持续下去，充分调动社会力量参与势在必行。近些年来，在政府的大力倡导和鼓励下，社会力量在农村脱贫攻坚中发挥了一定的作用，减轻了政府的一些负担，减少了一些贫困户及其家庭的经济压力。例如，S县通过建立基金组织，精准向一些地贫困户每年提供一定数量的助学金和医疗救助资金。但目前的扶贫仍没有改变"政府热、市场冷、社会弱"的情形。社会力量参与扶贫积极性不高，一些社会组织、企业和企业家认为扶贫主要是政府的事，与己无关，社会责任意识淡薄。在调研中也发现，目前扶贫主体主要是政府机关、事业单位和国有企业。几乎没有民营企业参与结对帮扶，扶贫帮扶主体单薄，社会力量潜力发挥不够。已有的民营企业和非公组织在脱贫帮扶的方式上主要通过直接给钱给物，注重"帮"轻视"扶"，这种"临时性"扶贫方式对贫困户可以起到暂时的作用，但难以从根本上解决脱贫问题。这种由政府主导的扶贫容易出现效率低、针对性不强等问题，造成贫困地区的扶贫绩效出现边际效益递减的"内卷化"。[1]

（三）医疗保障作用发挥不够

总体上来看，贫困村条件较差，诊所、医护人员少。从诊所

---

[1] 靳永翥、丁照攀：《贫困地区多元协同扶贫机制构建及实现路径研究》，《探索》2016年第6期。

数量来看，许多贫困村甚至没有诊所，贫困村诊所数量要少于非贫困村，贫困村诊所数量均值为 1.17 所，而非贫困村为 1.54 所。从医务人员数量来看，贫困村每个村医务人员数量均值为 2.58 人，非贫困村每个村医务人员数量均值为 3.13 人。[①] 同时，在我们的调研中也发现，90% 以上的贫困户认为现有医疗开支是导致贫困的主要原因。一些家庭因为许多病不在报销范围或者医疗费用较高，平时大部分病没去住院，也没去大医院看病，经常在小一点的医院看或买点药，买这些药没有报销，医疗费用负担较重。

---

① 徐勇、邓大才：《反贫困在行动：中国农村扶贫调查与实践》，中国社会科学出版社，2015，第 80 页。

第三章　产业发展脱贫效果与模式

近些年来，全国各地都在积极探索产业发展新路子，形成了一些新的产业扶贫模式，对脱贫起到了关键作用。产业扶贫是开发式扶贫的核心，是脱贫的根本之计，是促进贫困地区产业结构调整，增强其自身造血功能，推进贫困地区经济发展，不断增加农民收入的根本举措。产业扶贫开发模式，是以市场为导向，以产业发展为支点，通过培育壮大当地特色优势产业，大力扶持龙头企业，实现产业化基地带动农民增收致富的扶贫开发。产业扶贫力求将地区产业发展与精准扶贫相结合，更好地实现政府引导作用与市场资源配置决定性作用的有效结合，把现代农业发展要求与扶贫对象特点结合起来，走一条"资金跟着穷人走，穷人跟着能人走，能人穷人跟着产业项目走，产业项目跟着市场走"的精准产业扶贫新路子，充分发挥各职能部门职责，将贫困地区作为本部门本行业发展重点。产业扶贫是精准扶贫的有效途径和核心驱动力，也是脱贫致富的必由之路。它把外部支持与内部自力更生相结合，大大提高扶贫资金使用效率，充分调动贫困地区劳动力发展的主动性和创造性，通过产业发展，带动贫困地区改变落后状况。改革开放以来，我国持续开展实施了一系列专项扶贫开发项目，探索出了一条"政府主导、社会参与、地区协作、自力更生、开发扶贫"具有中国自身特色的扶贫开发道路，取得了举世瞩目的成就。但我国扶贫开发任务仍然非常艰巨，符合贫困线标准的贫困人口数量还较多，而且贫困地区经济社会发展很不平衡，地区间相对贫困问题日益凸显。尤其是以武陵山片区、罗霄山脉为代表的扶贫开发集中连片地区、重点县、粮食主产县等区域的贫困问题仍然十分突出。

"十三五"期间，贫困地区经济发展既存在诸多优势和机遇，也面临一系列问题与挑战。国务院扶贫开发领导小组 2012 年公布的最新全国 592 个贫困县中，中部省份 217 个，西部省份 375 个。2013 年习近平在湖南湘西州考察时首次提出"精准扶贫"这一概念，可见农村贫困问题在全国依然十分突出，按照人均年收入2300 元的标准，截至 2015 年全国仍有贫困人口 7000 万，贫困发生率仍在 6% 左右；集中连片特困地区和粮食主产县脱贫致富压力较大，纯种粮农户年人均可支配收入很难超过 1000 元；近些年来，投入资金与发展需求之间矛盾日益凸显，目前各省的财力与中央财力之间不协调，扶贫开发主要依靠中央财政投入的现状还没有得到根本性改变。全国贫困人口数量的持续大幅度减少，生产生活条件的不断改善，社会事业实现全覆盖，关系到脱贫攻坚任务的实现。同时，对于构筑具有地区发展特色的扶贫开发模式，确保"十三五"期间全国全面建成小康社会具有重要的意义。

扶持贫困地区、贫困农户发展特色产业，增加农民收入，是扶贫开发的战略重点和主要任务。通过财政投入、信贷支持、社会资金介入等方式，按照"四跟四走"路子，2017 年实施省级重点产业项目 150 余个，直接帮扶 20 余万贫困人口稳定增收；充分发挥龙头企业、专业合作社等经济组织的带动引领作用，依托两个"百千万"工程（"百企千社万户"现代农业发展工程、"百片千园万名"科技兴农工程），引导 427 家省级以上龙头企业建立 617 万亩产业扶贫基地，覆盖 83 万贫困农户；新增扶贫小额贷款 70 亿元，帮助 17.8 万贫困农户解决产业发展资金难题；在全国首创线上线下相结合的"电商扶贫特产专区"，25 个贫困县成功申报成为全国电子商务进农村综合示范县，电子商务交易额达 600 亿元以上；推进资产收益扶贫，5 个国家农村小水电扶贫工程试点项目已全部投产发电，帮助 4031 户 1.4 万名贫困人口稳定增收。

一 产业精准扶贫的成就

为贯彻落实党的十八届三中全会和习近平总书记考察湘西自治州扶贫工作的指示精神，切实加快贫困地区产业发展，帮助贫困农民持续稳定增收，奠定全面建成小康社会和实现"两不愁、三保障"目标的坚实基础。近几年，湖南省坚持把解决低收入人口的增收问题和生态移民搬迁及其就业作为扶贫开发的重点，通过项目带动、政府引导、社会参与、整村推进，扶贫开发工作力度不断加大，按照"一村一品，多村一品"的工作思路，大力实施精准产业扶贫，全省扶贫开发取得了显著成效。

（一）特色产业扶贫速度不断加快

近些年来，各省按照产业扶贫、开发式扶贫的重要内容和根本要求，因地制宜，大力发展地区特色产业，加大特色产业发展支持力度。2016～2017 年，湖南省省级层面共投入财政扶贫资金 10 亿元，整合其他资金 40 亿元以上，实施重点产业扶贫项目 244 个，2017 年新增小额贷款 70 亿元，帮助 17.8 万贫困农户解决产业发展资金难题。编制了《湖南省旅游扶贫总体规划》《湖南省少数民族特色村镇保护与发展"十三五"规划》，制定了十条含金量很高的硬举措。例如，湖南省湘西州充分利用武陵山片区的优势资源，大力挖掘其特色产业资源，注重培育市场前景好、特色资源优势明显、辐射带动能力强的产业。目前，湘西州已形成水稻、旅游、茶叶、中药材、油茶、特色水果、高山蔬菜、畜禽养殖、烟叶、手工艺品等一批重点优势产业，产业规模不断扩大。截至 2015 年底，全州粮食播种面积 182.59 千公顷，油料种植面积 60.88 千公顷，以柑橘、猕猴桃、烟叶、茶叶、蔬菜、百合、油茶、中药材为主的特色产业基地达 240 万亩，以湘西黄牛、湘西黑猪为主的特色养殖业逐步壮大。大湘西旅游资源不断增多，乡村旅游资源开发力度不断加大。特色产业产值不断增加，全州 2015 年林业增加值 3.6 亿元，牧业增加值 12.7 亿元；渔业增加值 1.4 亿元。目前，全州以推进精准扶贫为契机，大力培育茶叶、特色水果、中药材、畜禽养殖等基地，形成了比较稳定的致富产业。湖南省新化县 2014 年以来实施以模式化稻田养鱼、牲猪养殖、乡村旅游、特色水果和油茶林等项目为重点的产业扶贫工程，共建设"百村示范村"372 个，覆盖 2.8 万贫困人口，带动了村经济发展和贫困人口致富增收。

（二）农业龙头企业不断发展壮大

大力扶持农业龙头企业是加快落后地区发展的必由之路，坚持把企业作为产业扶贫的主体，把培育、扶持龙头企业作为产业扶贫的关键，采取"公司＋基地＋农户"的方式促进产业发展，充分发挥龙头企业的带动辐射作用，不断扩大产业规模，提升产业层次，逐渐形成产业优势、经济优势。近些年来，湖南省加大了对扶贫农业企业项目贷款贴息力度，例如，石门县五年来为节节高公司和金湘源、壶瓶山茶叶公司等龙头企业争取到了360万元的财政贴息，落实贴息贷款1.2亿元，带动8万多人增收。湖南省大力扶持了广积米业、益华水产、广源麻业和湖南创新生物科技公司等一百多家农业龙头企业做大做强，目前湖南省国家级、省级农业龙头企业已经超过200家。与此同时，各个地区积极创新土地流转机制，积极探索企业、合作组织、农户利益联动机制，以农业龙头企业为依托，努力推进"企业联村"工程，引导企业积极参与村级扶贫，大力实施"企业＋基地＋农户"产业发展模式，充分调动农民生产积极性，帮助农民脱贫致富。近些年，湖南实施企业集中在武陵山片区、罗霄山片区等51个县帮扶发展茶叶、油茶、水果、中药材、大米等产业。

（三）农产品品牌效应日益凸显

近些年来，随着农产品竞争日益激烈，品牌的打造日益重要，各省各级政府和企业积极努力培育和打造了许多具有地方特色的农产品品牌和驰名商标，大大提高了农业企业的知名度和市场竞争力，为农村经济发展和农民增收做出了重要贡献。例如，湘西州充分利用丰富的生态农业资源优势，努力培育和打造了许多具有湘西州特色的茶叶、猕猴桃、椪柑等农产品品牌和驰名商标，大大提高了湘西州农业企业的知名度和市场竞争力，为当地农村经济发展和农民增收做出了重要贡献。截至2015年，全州有省内知名优势农产品30多种，已获得中国驰名商标2个，获湖南省著名商标17个、湖南省名牌产品7个，通过无公害认证的品种达66个，"龙山百合""酒鬼酒""湘西黄牛""保靖黄金茶""古丈毛尖""泸溪椪柑""湘西椪柑""湘西猕猴桃"成为国家地理标志产品注册的特色农产品。此外，湘西州中药材和生物种类丰富，其中茯苓、天麻等中药材产量居全国第一，素有华中"生物基因库"和"中药材宝库"之美誉。

（四）农民增产增收步伐不断加快

农民增产增收是产业扶贫的根本目的。近些年来，全国各级政府和相关职能部门采取强有力措施，出台了一系列扶贫政策，不断加大产业扶贫力度，大大加快了现代农业的发展，使农村自我造血功能不断增强，大大促进了农业增效和农民收入增加，改善了农民的生存生活环境，使一大批农户摆脱了贫穷落后的境况。通过大力扶持贫困地区特色农业、文化旅游等产业发展，鼓励农业规模经营主体与贫困农户建立紧密的利益连接机制，采取直接帮扶、委托帮扶和股份合作等形式，带动了贫困群众收入的稳步增长。湖南省通过财政投入、信贷支持、社会资金介入等方式，按照"四跟四走"路子，不断增强扶贫攻坚的针对性，把产业扶贫作为重要抓手，实施了"双千"产业项目计划（覆盖贫困对象 1000 人以上和人均增收 1000 元以上），2017 年实施省级重点产业项目 150 余个，直接帮扶 20 余万贫困人口稳定增收；充分发挥龙头企业、专业合作社等经济组织的带动引领作用，依托两个"百千万"工程（"百企千社万户"现代农业发展工程、"百片千园万名"科技兴农工程），引导 427 家省级以上龙头企业建立 617 万亩产业扶贫基地，覆盖 83 万贫困农户；新增扶贫小额贷款 70 亿元，帮助 17.8 万贫困农户解决产业发展资金难题；在全国首创线上线下相结合的"电商扶贫特产专区"，25 个贫困县成功申报成为全国电子商务进农村综合示范县，电子商务交易额达 600 亿元以上；推进资产收益扶贫，5 个国家农村小水电扶贫工程试点项目已全部投产发电，帮助 4031 户 1.4 万名贫困人口稳定增收。据统计，湖南 20 个国家扶贫开发工作重点县人均纯收入由 2010 年的 2709 元，上升到 2014 年的 6141 元，增幅达 126.7%，远高于全省 78.9% 的增幅。人均消费水平由 2010 年的 2309 元，上升到 2014 年的 6056 元，增幅达到 162.3%，也远高于全省 109.4% 的增幅。恩格尔系数由 2010 年的 56.6%，下降到 2014 年的 37.3%，下降了 19.3 个百分点，降幅高出全省 2.8 个百分点。

二 产业精准扶贫的主要问题

湖南省产业扶贫工作虽然取得了一定成效，但由于全省贫困面广，贫困地区产业发展环境不优，产业发展基础比较薄弱，目前全省贫困地区产业发展仍然存在扶持资金不足、产业链条不长、产业结构单一、产业集聚度不高、产业发展关联度较低以及人才和技术支撑不够等问题。一些结对帮扶单位或者干部也利用自身的资源想方设法多争取资金搞亮化工程或者给予临时性的帮助以减轻贫困户家庭负担，对贫困村和贫困家庭的长远发展思考较少，集体经济"空壳村"的局面依然未变，"资源变资产、资金变股金、农民变股民"的美好愿景难以全面实现和持续。

（一）扶持资金不足难以改善扶贫环境

由于湖南贫困面广，贫困人口较多，近些年来湖南省贫困人口人均财政专项扶贫资金不足 500 元，缺乏资金已成为产业扶贫的一大瓶颈，很难满足不同地区不同类型产业扶贫的需求。一些贫困村虽然进行了强有力的产业扶贫，但现有产业利益格局使贫困对象受益不大，例如"特惠贷"政策往往成为一些企业家或者大户获取资金的渠道，他们利用贫困户签字获取贷款名义上发展产业，让贫困户入股分红，3～5年内每年获得一定的股利。众所周知，农村现有产业发展基础薄弱，想要三五年之内获取稳定的产业发展回报非常难，因此，贷款获得者很可能将贷款挪作他用，影响已有扶贫产业的持续发展，使贫困农户承担较大风险。如石门县，由于产业基础较差、财政实力较弱，可用于产业扶贫的资金无法满足贫困地区产业发展的需求。"两项制度"有效衔接项目资金是石门县产业扶贫到户资金的主要来源，由于这部分资金政策性很强，每人每年只能扶持400元，而目前养一只羊要1000元左右的成本，养一头牛要5000元左右的成本，产业扶贫资金不足不仅难以调动农民产业发展的积极性，也难以调动地方政府推进产业扶贫的积极性。

（二）产业链条不长，难以拓展农民收入

长期以来，湖南省连片特困地区的产业主要注重原料生产，像舜华鸭业这种长链条的企业非常少。目前，全省扶贫产业加工度低于30%，种养扶贫产业50%以上缺乏自身相应的加工渠道。多数县市产业发展停留在原料生产上，农产品深加工、深度开发产业发展明显不足。产业链条短，使产品附加值不高，农民所能获得的利润也较低，整个产业发展难以拓展农民就业渠道、增加其收入，也就很难促进区域经济全局发展。如全省的柑橘、棉花、苎麻、楠竹等资源，由于缺乏深加工企业，大多只是经过简单加工就卖出去，农民获得的收益非常低。同时，由于产供销衔接不畅，产业整体效益较低。目前全省产业扶贫更多的是注重产品的生产，对农产品的精深加工和销售重视明显不够，产供销基本上处于一种分离状态。如湘西一些县市大力推进中药材发展，

但由于信息不对称，目前全国中药材市场需求容易出现不稳定状况，如果不加快市场开发对接工作，适应需求侧，而盲目地大量生产药材，很可能就会出现产品滞销，产业扶贫的效果就会大打折扣。

（三）产业结构较单一，加剧同质化竞争

长期以来，全省产业同质化竞争明显，某一产业在某一地区发展后，一旦收益较高，其他地区竞相发展，贫困地区单一的产业发展导致产业效益偏低、竞争加剧，风险加大。如近些年湘西大力推广猕猴桃产业，各个县市大力种植猕猴桃，使地区间同类产品竞争加剧，再加上其他原因，导致市场销售下滑，经济效益不高。又例如，武陵山连片地区大部分县把茶叶作为扶贫开发重点产业，目前除了安化黑茶和保靖黄金茶有一定的市场竞争力外，其他县的茶叶产业基本上没有多少竞争优势。同时，由于大部分贫困地区的产业科技含量不高，产业发展仍然是以传统产业为主，高科技新兴产业明显偏少。由于复制传统产业比较容易，各县市处于低水平竞争状态之中，农产品市场内部恶性竞争严重，大量农产品卖不出去。如全省柑橘产业，由于技术含量偏低，全省数十个县市都发展柑橘产业，区域间产业竞争异常激烈。

（四）产业集聚度不高，难以提升竞争力

首先，扶贫产业由于起步相对较晚，产业组织化程度较低，基础相对较差，发展规模较小，在产品市场中所占比例小，以致市场竞争力较弱。同时，农户与企业、农业合作组织之间联系不紧密，许多农业合作组织有名无实，甚至数量不断减少，农户更多的是靠单打独斗，农户和合作组织、企业更多的是"有利凑一

块、无利作鸟散"的"拉郎配"合作。其次，多数县市扶贫产业并未打造成大品牌，大多数品牌影响辐射力只是在省域范围内，国际国内市场认可度较低，缺乏核心竞争力。如目前全省茶业品牌有几十种，但没有一种能与普洱、铁观音的品牌影响力相提并论。产业扶贫财政资金几乎不可能大量投于市场拓展方面，而贫困地区产业扶贫企业和合作组织财力较弱，导致贫困地区产业发展在打造品牌上力不从心。最后，由于贫困地区产业园区建设滞后，尤其是农业产业园区本身具有特殊性，贫困地区建设农业产业园区难度较大。目前大部分贫困县市还没有建立专门的农业产业园区，难以推进产业集聚发展。

（五）产业关联度较低，降低了农民积极性

一是企业、合作组织与农民联结不紧密。目前，在产业扶贫中，各县市主要扶持了一些企业、农业大户，但大多未建立起"企业（合作组织）＋基地＋农户"的合作模式，以至贫困农民参与的积极性较低，扶贫产业能够惠及广大贫困农民的深度明显不足，很难真正发挥脱贫致富的帮扶作用。二是农企利益分享机制不匹配。各县市农产品生产、加工、销售环节相互脱节，大多数贫困农民仅在种养环节获取少量的收益，而在加工、销售等利润较高环节难以获得收益。同时，许多贫困地区县市片面强调产业规模化、集约化，只注重培育农业龙头企业和种养大户，以至国家大量产业扶贫资金被占用，产业扶贫难以真正惠及广大贫困农民，从而难以充分调动农民参与产业发展的积极性，大大降低了产业扶贫的效果。三是产业项目的针对性不强。由于产业扶贫需要政府引导，其项目会受行政干预，项目安排具有较大的盲目性。一些贫困地区的县市为多争取国家产业扶贫资金，不从本地

实际需求出发，申请一些发展前景不明朗的项目，以至农民对产业扶贫项目兴趣不大，甚至是消极抵制，使降低产业扶贫难以发挥应有的效应。

（六）人才和技术支撑不够，降低了产业扶贫效率

湖南省人口众多，连片贫困地区人力资源也比较丰富，农村剩余劳动力仍然较多，但连片特困地区由于经济社会发展相对落后，难以吸引现代产业发展所需的高技术人才和优秀管理人才，造成贫困地区产业发展滞后，导致大量农村青壮年劳动力外出务工，留守的主要是"386199"部队，这些人无论是体力还是技术能力都难以实现产业扩规和提质。虽然近些年贫困地区加强了人才培训和引进力度，但由于大部分贫困地区县市没有高等科研院校尤其农业方面的科研院所，高水平的农业科技专家极少，产业发展方面的技术人才明显不足，以致贫困地区产业发展人才极其短缺，再加上农技社会化服务和应用体系不健全，现代农业技术难以充分发挥作用，导致产业发展收入不高。例如，湖南省江华县瑶山雪梨公司种植了3000亩雪梨，每亩纯收入达7000元以上。在这家企业影响下，周边农户也跟着种植，但由于基础较差、管理粗放，再加上受技术、资金等问题的制约，每亩平均收入只有1000～1500元。

（七）扶贫对象的精准性不够，抑制了贫困户增收

在目前的扶贫过程中，仍然存在"扶强不扶弱，扶企不扶民"的现象，政府扶贫企业和大户获利。例如，湖南某贫困县在实施连片开发时，按照"谁开发、扶持谁"的原则投入800万元资金发展茶叶产业，结果支持了59个大户，户均获得了13.6万

元的补助，最高达 59 万元，而贫困户却很难得到有效支持。这种貌似公平的普惠支持，其政策实施的结果是扶富不扶贫，即使产业发展起来了，区域内收入两极分化却进一步拉大。"大水漫灌"而非"滴灌"，往往导致产业专项扶贫资金大多流入龙头企业、农民合作组织、家庭农场和种养专业大户等，而真正的贫困户在产业开发中容易被边缘化，扶来扶去还是村不兴、产不强、民不富。

三　产业精准扶贫的主要做法

产业扶贫是开发式扶贫的核心内容。2013 年以来，湖南省深入贯彻精准扶贫战略思想，积极破解产业扶贫中的困难和问题，探索出了"资金跟着穷人走、穷人跟着能人走、能人跟着产业项目走、产业项目跟着市场走"的产业扶贫新路子，取得了较好成效。

（一）以问题为导向，把准产业扶贫的"脉"

产业扶贫不完全等同于产业发展，它是以产业为基础，以帮助贫困农户增收脱贫为目的的专项扶贫。过去，湖南省产业扶贫工作虽然取得了一定的成效，但由于思路和方式的局限，实际工作中仍存在一些亟待解决的问题。一是扶富不扶贫的现象时有发生。以往由于缺乏贫困对象建档立卡数据支撑，各地在产业扶贫中基本上推行的是普惠政策，即"大水漫灌"而非"滴灌"，往往导致专项扶贫资金大多流入龙头企业、农民合作组织、家庭农场和种养专业大户等，而真正的贫困农户在产业开发中被边缘化，即使产业发展起来了，区域内收入两极分化却进一步拉大。湖南省根据这一问题，不断调整扶贫模式，推行"公司＋村集体（大户）＋贫困户＋土地经营权"股份制模式。二是扶贫对象在产业发展中受到的制约因素较多。贫困农民除了缺少资金外，在产业发展中还缺门路、缺技术、缺管理，不了解市场，有的还缺乏劳力，身残或智残，是产业发展中的弱势群体。湖南省江华县瑶山雪梨公司种植了 3000 亩雪梨，每亩纯收入达 7000 元以上。在这家企业影响下，周边农户也跟着种植，但由于基础较差、管理粗放，再加上受技术、资金等问题的制约，每亩平均收入只有 1000 ~ 1500 元。针对这一问题，湖南加大产业扶贫资金支持力度，引导农业技术专家下乡扶贫，指导贫困户学习先进农业技术。三是简单"给钱给物"的帮扶方式难以奏效。2009 年，湖南省按照国务院办公厅的部署要求，积极推进扶贫与低保"两项制度"有效衔接试点工作，探索推行直接打卡到户的帮扶方式，确定给每个扶贫对象补助 400 元/年发展生产，连续补 3 年。这一做法的优点是直接瞄准了"穷人"、减少了中间环节。但千家万户的分散生产方式难以形成产业规模，扶贫资金是否用于发展生产也难以监管，实施的成效并不明显，针对这一问题，湖南积极推进"扶贫资金跟着项目走"。四是产业发展中的资金瓶颈问题尚未有效解决。发展产业需要资金投入作保障，而财政扶贫专项资金非常有限。以湖南省 2014 年的 640 万建档立卡贫困人口计算，人均财政扶贫资金不足 300 元。若按"两项制度"有效衔接人均补助 400 元的标准计算，三年资金一次性投入也就是人均 1200 元，即使不考虑产业风险，按正常 12% 左右的收益率，人均年收入也就是 150 元左右。按此进度，贫困农民要在短期内脱贫非常困难。因此，提高和放大财政扶贫资金使用效益是一个十分现实而又迫切的问题。

（二）以脱贫为目的，开好产业扶贫的"方"

产业扶贫是开发式扶贫的核心内容，也是帮助贫困群众增收脱贫的重要途径。为有效解决产业扶贫中的问题，湖南省按照精准扶贫、精准脱贫的总体要求，对症下药，创新机制，开出了"四跟四走"的扶贫产业发展"药方"，有效推动了脱贫攻坚。一是科学谋划调思路。为找准产业扶贫路子，湖南省先后开展了系列探索试点。2013 年，在芷江县石板溪村、翁塘村将人均 400 元的"两项制度"帮扶资金用作贷款贴息发展养鸭，由和翔鸭业公司担保，组织 94 户 513 名扶贫对象向县农业银行贷款 470 万元入股该公司，养殖利润双方按股份分配。年底，公司给参股的扶贫对象户平均派发红利 4000 元。花垣县十八洞村认真落实习近平总书记重要指示，全村 227 户农户与苗汉子专业合作社合股，共同出资 600 万元组建十八洞果业有限公司，其中合作社占股 51%、136 户贫困农户占股 25%、91 户非贫困农户占股 12.5%、村集体经济占股 11.5%，同时向银行贷款 1000 万元，按照"跳出十八洞、发展十八洞"的思路，在村外流转土地 1000 亩，建设高标准猕猴桃基地。该项目投产后，全村 136 户 542 个扶贫对象预计人均增收 5000 元以上。同时，在麻阳县谭公冲村，扶贫部门安排财政扶贫资金 15 万元，项目合作企业出资 5 万元，共同建立产业扶贫担保金，为 68 户扶贫对象户提供担保，从农村信用社获得贷款 105 万元并依托合作企业技术指导发展半夏产业 238 亩，在当年干旱的情况下扶贫对象户均增收 1 万元。2014 年，湖南省在认真总结试点经验的基础上，依据市场经济规律，对接现代农业发展要求，瞄准扶贫对象，确定了"资金跟着穷人走，穷人跟着能人走，能人跟着产业项目走，产业项目跟着市场走"的产业扶贫思路，以扶贫重点产业项目为载体，在全省 51 个扶贫工作重点县付诸实施。经过两年多的实践和完善，"四跟四走"产业扶贫路子步入正轨、日渐成熟，已成为湖南省产业扶贫的指导方针。二是改革创新转方式。过去给钱给物、打卡到户的产业帮扶模式很难形成规模效应、对接市场需求、防范产业风险。为此，湖南省结合产业扶贫实际，改给钱给物、打卡到户为直接帮扶、委托帮扶和股份合作等三种帮扶模式，引导贫困农户走向市场，提高参与扶贫产业开发的组织化程度，分享农业全产业链和价值链增值收益。①直接帮扶。在政府的组织和引导下，有产业发展愿望和产业发展能力的扶贫对象，直接参与区域特色产业开发。这种形式适用于一些技术性一般、短平快的项目，可通过直补、以奖代补、贴息或物化补贴等方式进行。②委托帮扶。受扶贫对象个人或集团委托，通过购买扶贫社会服务方式，将国家给予特定对象的扶持资金直接委托给有意愿合作的、有社会责任的、讲诚信和有实力的扶贫经济组织。项目实行统一开发、统一管理、统一经营、统一核算，相互间以契约形式，明确责权利关系，项目收益按比例分成。这种形式适用于技术性强、周期长，而本地扶贫对象又有资源的项目。③股份合作。根据扶贫对象个人或集团意愿，鼓励探索将扶贫对象的政策扶持资金、土地、林地和水面等生产资料折价入股，由扶贫经济组织统一管理和生产经营，结成联股、联利的共同体，实现股份到户、利益到户。这种形式适用于一些技术性强、周期长或本地资源缺乏的项目。三是优化扶持定政策。为确保"四跟四走"产业扶贫思路和"三种帮扶方式"落小落细落实，湖南省出台了《关于加强产业扶贫工作的指导意见》《关于做好全省产业扶贫贷款贴息工作的通知》《关于推进农业产业精准扶贫工作的意见》等系列政策性文件。一方面，明确财政专项扶贫资金的60%以上用于产业扶贫，其中70%以上用于贫困人口的生产发展，湖南省执行的产业扶贫资金标准是人均2000元；确定将全省农业产业发展资金的50%用于贫困地区和贫困农民；同时对扶贫对象发展产业，在帮扶资金、贷款贴息、技术培训、服务管理、维权保障等多个方面给予扶持。另一方面，对龙头企业、农民合作社、家庭农场等农业经营组织带动贫困农户发展产业的，在资金安排、贷款贴息、产业化服务、税收等方面也给予政策支持。比如，对参与扶贫重点产业项目建设、提供服务管理的扶贫经济组织或扶贫产业带头人，可享受投入该项目财政扶贫资金总额20%～25%的支持。

（三）以精准为手段，破解产业扶贫的"结"

为推进"四跟四走"的产业扶贫路子，打通梗阻环节，促进产业扶贫健康稳步发展，确保贫困农户受益脱贫，湖南省重点抓了五个方面的工作。一是瞄准贫困人口，防止帮扶"脱靶"。产业扶贫的对象必须是建档立卡的贫困农户，这是推进"四跟四走"的前提和基础。湖南省按照"识贫—校贫—定贫"的工作机制，全面核实核准贫困对象，夯实扶贫工作基础，有效提高产业扶贫工作的精准度和靶向性。同时，按照"五个一批"的要求，在全省建档立卡系统中精准确定了有劳动能力、有产业发展愿望的贫困对象260万人，形成了"发展产业脱贫一批"的数据库。同时，在产业扶贫实施中严把审核关，凡是没有瞄准贫困人口、利益联结不够紧密的产业项目，一律不予审批，确保受益的主体是贫困对象。二是选准产业项目，防止工作"偏向"。产业扶贫项目的选择事关产业扶贫工作的成效。在总体规划方面，湖南省因地制宜制定了"发展产业脱贫一批"规划，坚持一、二、三产业融合发展，确立了种植、养殖、水产、林业、加工业、旅游业等"十大特色产业"；在项目选择方面，充分尊重基层创新、尊重群众意愿，省里只定思路和原则，将项目的选择权交给市县。各地在确定产业项目时，坚持好中选好、优中选优，取得了良好的经济效益和社会效益。三是建立联结机制，实现互利共赢。只有建立一个好的利益联结机制，让企业和贫困农户结成利益共同体，才能确保实现互利共赢、长久发展。在利益联结机制建立上，一方面合理考虑企业的承受能力，另一方面最大限度保证扶贫对象的利益，科学合理地确定利益分配比例，做到既充分调动企业的积极性，又有效规范企业的帮扶行为。为此，湖南省出台了《关于引导和支持新型农业经营组织参与精准扶贫的意见》，按照权责对等原则，新型农业经营组织与扶贫对象以契约形式明确所有者权益、经营机制、管理机制、利益分配机制、监督机制等，实现互利共赢。四是强化金融支撑，破解资金瓶颈。金融是经济的血液，是产业发展的支撑。为有效解决产业扶贫资金不足的问题，湖南省直接瞄准贫困农户推出以"一授、二免、三优惠、一防控"为核心的扶贫小额信贷新模式，解决了困扰贫困户的抵押、担保和费用难题。"一授"，即省信用联社和省扶贫办专门为贫困对象量身定做一套评级授信系统，由原来以家庭资产为主要内容的 8 项指标改为只考究贫困对象的诚信度、劳动力、家庭收入 3 项指标，根据确定的指标进行量化打分，确定优秀、较好、一般、等外四个等级，等外以上的贫困农户都能获得 1 万 ~ 5 万元扶贫小额贷款，降低了贫困农户的贷款门槛，确保 85% 以上的贫困农户能够获得贷款。"二免"，即获得上述授信评级的贫困农户可凭身份证和贷款证在农商行办理小额信贷，贷款免抵押、免担保。"三优惠"，即贫困农户贷款利率优惠、贷款期限优惠、贷款贴息优惠。贫困农户贷款利率执行同期同档基准利率，不存在任何上浮；对贷款周期不做硬性限制，根据产业发展周期，灵活确定，实行贷款全额贴息。"一防控"，即在县（市、区）设立不少于 300 万元的扶贫小额信贷风险补偿基金，有效防范金融风险。截至 2015 年底，已在 97 个县推进扶贫小额信贷工作，对95.8 万户贫困农户进行评级授信，发放扶贫小额贷款 20 亿元，带动 15 万户贫困农户通过发展产业增收脱贫。2016 年计划发放贷款 60 亿元以上。五是建立维权机制，保障贫困户权益。保障贫困农民的合法权益，是"四跟四走"产业扶贫的关键所在。为此，首先，建立风险防范机制。针对市场和疫情风险，积极推进农业产业保险，扩大农业保险覆盖面，并明确保险费从财政扶贫资金中拨付。其次，建立维权保障机制。扶贫部门、扶贫经济组织与贫困农户签订三方委托合同，明确三方的责权利；及时公告公示项目帮扶的贫困农户、项目执行和项目效益情况。最后，健全监督管理机制。在委托帮扶、股份合作项目中成立贫困农户代表参与的监事会，聘请第三方机构对项目的投资开发、经营核算及效益分配全程跟踪审计；全程跟踪监督项目实施情况，省扶贫办、省财政厅对 50% 以上的年度项目进行抽查。

按照上述精准产业扶贫思路，湖南省每年在每个重点县和部分面上县实施 1~2 个针对贫困农户增收的"双千"（即每个项目扶持贫困对象 1000 人以上，人均增收 1000 元以上）工程项目。两年来，共实施产业扶贫项目 138 个，投入财政扶持资金 7.17 亿元，整合行业和信贷资金 50 亿元，帮扶建档立卡贫困对象近 40万人，其中丧失劳动能力的贫困对象 6 万余人，预计人均增收2500 元以上。"十三五"期间，湖南计划进一步完善产业扶贫体制机制，加大投入力度，优化金融扶贫政策，设立扶贫产业保险，加强致富带头人培训，系统地推进精准产业扶贫，为贫困农户增收脱贫夯实基础，努力帮助全省 260 万贫困人口通过发展产业增收脱贫。

四　产业扶贫开发的三种模式

基于产业扶贫开发的市场参与程度，按照政府与市场在产业扶贫开发中作用强弱，将目前湘西州的产业扶贫开发模式划分为三种，分别是"强市场 + 弱政府"型、"中性市场 + 中性政府"型和"强市场 + 弱政府"型。

（一）十八洞村产业扶贫模式："强市场 + 弱政府型"

2013 年 11 月 3 日，习近平总书记来到花垣县双龙镇十八洞村，首次提出"精准扶贫"重要思想。随后，花垣县委成立了精准扶贫工作队进驻十八洞村，带领群众苦干实事，取得了深度贫困村产业扶贫攻坚的重大进展。拔穷根，产业扶贫是根本。在"五个一批"中，"发展生产脱贫一批"居首。十八洞村的产业项目，都是采取市场化机制、公司化运作，把龙头企业、贫困户、普通村民紧密联结到一起，形成产业扶贫合力。目前，十八洞村已形成了千亩猕猴桃产业园，投入达 1600 万元。村里引进龙头企业苗汉子合作社，成立十八洞村苗汉子果业有限责任公司，注册资本 600 万元。其中，苗汉子合作社出资 306 万元，占 51% 的股份；十八洞村出资 294 万元，占 49% 的股份（542 个贫困人口以产业扶贫资金入股，占股 27.1%）。在猕猴桃产业发展过程中，由于还有 1000 万元的资金缺口。曾有村民建议，向政府部门争取缺口资金。但工作队和村支两委一致认为，如果靠大量财政资金投入来发展产业，"可复制、可推广"的效果就会大打折扣。最后，他们以猕猴桃产业园 1000 亩土地的经营权为抵押，从银行贷款 1000 万元。同时，还利用十八洞村独特的自然景观、特色民俗民风、特色建筑等，成立十八洞乡村游苗寨文化传媒有限责任公司，下设游客服务中心，发展农家乐 4 家，实现乡村游机构有保障、游客有饭吃、有导游解说、有游道走，将十八洞村打造成为党的群众路线教育实践基地和农家乐、乡村旅游胜地。

十八洞村的产业扶贫模式发挥了政府的带领作用，但更是发挥了市场在资源配置中的决定性作用。十八洞村的产业发展项目，无论是农业产业还是旅游产业，都强调了市场的重要性，主要表现在依靠龙头企业带动产业发展，通过银行贷款解决资金缺口，直接的政府资金帮扶较少。这大大调动了企业、农户发展产业积极性，产业发展取得了良好效果。就政府来说，其职能主要集中在对产业开发的指导、协调、沟通等方面，直接的行政干预不多。

（二）比耳村产业发展模式："中性市场＋中性政府型"

2015 年 12 月，龙山县里耶镇比耳村正式通过了"为村"认证，是湘西自治州第一个"为村"村庄，更是自治州响应党中央号召进入"互联网＋"发展以来实现的第一个"零"的突破。在2016 年的全州"为村"建设规划中，州扶贫办计划拨付 100 万元项目资金，大力推动全州"为村"建设；龙山县扶贫办为每个"为村"建设试点村拨付 20 万元网络全覆盖项目资金，并拨付每村 2 万元的村民网络培训资金。为了让贫困户有机会"触网"，湘西州扶贫办安排项目资金帮村民接通宽带入户线，安排培训资金确保村团队正常运行，还为试点村互联网工作室提供电脑、打印机、桌椅等办公设备。目前，在比耳村随处都能看见"湘西为村免费 WiFi，扫描二维码关注公众号"的标识。通过"为村"平台的搭建，壮大比耳脐橙的客户群，比耳村加大了脐橙、椪柑等产业发展力度，大大调动了农户发展特色优势水果产业的积极性。在比耳村"为村"团队的帮助下，不仅脐橙、椪柑等水果销售价要远高于合作社收购价，而且有效解决滞销问题。

比耳村产业扶贫模式发挥了政府投资基础设施的作用，通过政府出资建设乡村互联网并培训贫困户"触网"，但在农业产业发展方面主要是发挥了市场在资源配置中的决定性作用。比耳村的农业产业发展项目，主要通过农户自己投资发展，实现自行销售，强调了市场的重要性。主要表现在依靠政府出资建设互联网，然后通过互联网带动农业产业发展，当地农户自己在农业产业发展中发挥了主导作用，直接的政府帮扶较少。比耳村农业产业取得了较快发展，带动了许多贫困户实现脱贫，自我造血的产业扶贫机制正在形成。

（三）若西村产业扶贫模式："弱市场 + 强政府型"

永顺县泽家镇若西村是湘西州一个典型的贫困村，扶贫开发任务十分艰巨，州扶贫办在若西村成立了工作组。工作队员驻村以来，结合当地情况，制定了《2015 - 2020 年若西村扶贫开发实施规划》和《2015 年扶贫工作计划》，扶持养殖产业，同建同治净化，组织 40 余名村民党员代表、村支两委、村民代表赴泸溪、花垣、凤凰、古丈、永顺等产业基地学习考察，为村里主干道安装了太阳能路灯，开工了湖八车通组公路硬化、新修水渠和户间道硬化工程；立足若西村的资源条件和环境优势，实施产业开发战略，通过编制扶贫开发规划，选准产业，创新工作机制，做到规划到村、项目到户、帮扶到人，并抓好基层干部群众、种养大户和村民实用技术培训，增强贫困村脱贫致富的动力。政府通过建设扶贫产业示范园，加快特色优势产业发展，极大地调动了村支两委及村民产业扶贫的积极性，加快了脱贫攻坚步伐。

若西村的产业扶贫模式特色突出：政府是产业扶贫的主角，除少量农户投入资金外，绝大多数产业扶贫开发资金由各级政府投入。无论是基础设施、产业园区、产业发展还是农户培训工程，政府都是主要责任方和参与主体。特别是在产业发展的资金使用上，农户参与较少，主要由政府来决策，参与产业扶贫的市场力量较小。

五　产业精准扶贫的发展趋势

随着我国城镇化快速推进，贫困地区农村劳动力外流趋势不可阻挡，农村富余劳动力将不断减少，传统农业产业发展方式难以为继。要切实落实各地产业扶贫工作，实现农村产业可持续发展，不断增加农民收入，必须走农业产业化道路，加快培育新型农业经营主体，走绿色农业发展之路，打造特色优势农业品牌，充分发挥互联网功能，实现"互联网＋农业"。

（一）从传统种养向产业化转变

农产品市场千变万化，近些年来，许多农产品价格呈现波浪式变化，又由于农产品生产周期相对较长，农民很难掌握市场变化规律，难以规避市场风险。单家独户发展农业生产势单力薄，抗市场风险能力弱。虽然过去落后地区各级政府号召群众发展了一些产业，但仍然缺少有竞争力的主导产业。农村脱贫攻坚工作是一项系统工程，实施产业扶贫不仅仅是引导单家独户农村家庭积极发展种养业，在农村劳动力不断外流的背景下，加快各种新型农业经营主体培育不可或缺，推进农业集约化、规模化发展，推动农业产业化，强化农业产业集聚，提高农产品附加值，不断延长农业产业链条，加快食品产业园区建设，是未来提升贫困县域农业竞争力的必然选择，只有如此才能真正实现"一县一特"产业可持续发展，为农民扶贫致富提供长久可持续的解决方案。因此，加快从传统种养业向产业化发展转变步伐是实现贫困地区脱贫目标的必然趋势。

（二）从规模主体向新型主体转变

随着大量青壮年劳动力流入城市，贫困地区农村尤其如此，农村剩下的主要是妇女、儿童、老人，长期以来农村依靠规模主体发展产业的条件已经不复存在。目前湖南省农村产业扶持项目中劳动力短缺现象严重，尤其是青壮年劳动力短缺，种植项目后期管护不到位现象突出。在高素质劳动力日益短缺情形下，要顺利推进农村产业扶贫项目实施，培育农业新型经营主体势在必行。积极引导、鼓励种养能人大户、龙头企业、专业合作社等新型经营主体带动贫困户发展规模种养，推动帮扶产业向集约化、规模化、产业化和专业化发展，是今后贫困地区产业扶贫顺利推进的必然选择。通过积极扶持农民专业合作社发展，培育新型合作经营主体，发挥其技术上传、路子上引、资金上帮、先富带后富的作用，可以有效带动贫困农户根据市场需求自主选择发展项目，提高其自我发展能力，实现由"要我发展"向"我要发展"的转变。同时，对龙头企业的扶持，可以有效壮大县域内特色产业规模，增强农民的抗风险能力，还可以让部分农村劳动力变为产业工人,实现可持续增收。在有旅游资源的乡村,还可以通过打造"乡村旅游基地 + 公司 + 旅游专业合作社 + 农户"的乡村旅游示范点,大力发展家庭农场、休闲观光农业、乡村旅游、农家乐等,鼓励、引导农村贫困户成为经营主体、创业主体,促进农村第一、二、三产业协调发展,实现新型主体带动产业扶贫项目落实。

(三) 从传统产业向生态产业转变

实现"产业生态化、生态产业化"是有效推进贫困地区产业扶贫工作的必然出路。目前我国农产品品质整体仍然不高,农村生态环境堪忧,把"生态保护 + 产业发展"作为落后地区扶贫的新方向是实现产业可持续发展的必然选择。使贫困地区在保住绿水青山的同时,更好地实现产业和社会的可持续发展。随着我国经济的快速发展,人民生活水平的不断提高,对农产品质量的要求也越来越高,大力发展高效生态农业是增强县域农业产业竞争力的根本出路,也是促进农民持续增收的重要法宝。生态扶贫是改善农村生态环境的契机,而生态扶贫的根本在于生态产业的发展。生态农业生产、生态乡村建设、人文社会回归,是农村经济社会可持续发展模式的必然出路,也是实施产业扶贫的理想模式。生态农业发展是利用村域范围内全部的农业资源,大力推进大型高效生态农业试验示范区建设,实现集种植、畜禽养殖、微生物为一体的有机生态产业循环。针对目前湖南省生态农产品供需不均衡的困境,实施生态农业与扶贫的有机结合,可以有效解决农产品难卖的问题,从根本上解决农产品价格问题,打破农产品销售瓶颈,带动生态农业进入良性循环轨道。把发展生态农业与脱贫工程结合起来,为人民提供更多优质生态产品,推动绿色发展方式和生活的形成，是解决当前生态危机、食品安全问题，加强城乡互信，促进绿色消费和农村产业可持续发展的不二选择。

（四）从单纯价格竞争向品牌转变

落后地区农产品普遍缺乏品牌，竞争力不强，长期以来主要依靠走低价营销的路子，使农业发展效益不高，严重制约了产业扶贫的有效推进。同时，农业大县往往是财力穷县，对农产品品牌打造力不从心，抑制了农产品品牌的打造。品牌是一种识别标志、一种精神象征、一种价值理念，是品质优异的核心体现，是消费者对产品的认同，产品只有有了品牌才能在激烈的市场竞争中立于不败之地。例如，目前湖南省农产品品牌不多，知名品牌尤其少。长期以来，湖南省农产品销售依靠的是低价竞争，效益低下，严重降低了农户农业生产的积极性。要切实推进产业扶贫的实施，今后必须要注重农产品品牌的培育，借助政府的力量，助力自身农产品品牌的建设是大势所趋。强化品牌运营和各方合作，集中资源和精力，重点扶持有优势特色农产品的村级站点和农产品，打造一批像"江永香柚""东江鱼""安化黑茶"等的品牌农产品是避免产业扶贫半途而废的关键之举。

（五）从传统买卖向互联网买卖转变

农村电商是一种农村信息化、农业商业化新模式，架起了一座联通农产品和市场的"新桥梁"。农村电商正在成为农村经济发展的新"引擎"。贫困地区农村电商发展还比较落后，其发展程度还不能与市场容量、人口规模以及消费总量有效匹配，推进农村电商发展对于促进农村消费提振、农村经济发展具有重要意义。做足农村"互联网＋"文章，让农村生产插上互联网的"翅膀",对促进农业生产转型起到"四两拨千斤"的作用。积极顺应"互联网+"产业发展新趋势,把电商扶贫摆在重要位置、纳入发展规划,努力探索电商助推扶贫的新途径、新办法,可以有效构建起线上线下互动、农户客户直通并重的电商扶贫格局。在互联网时代,传统买卖难以适应市场集约化经营的要求,也难以适应现代竞争。因此借助互联网平台来经营现代产业,顺利推进农业生产插上互联网"翅膀",推进农业规模化生产,依托"一县一业、一村一品"工程,引导和支持贫困群众开办各类网店,让电子商务在贫困地区遍地开花,打造一批"电商县""电商乡""电商村",不仅有效降低农业经营成本,还有效解决农产品难卖的问题,提高农产品价格。大力推进贫困地区产业扶贫,必须充分借助互联网平台,深化同大型知名电商企业的合作,对外成立农村电商科技有限公司,加强地理标志产品认证,有计划有声势地开展宣传推介,有利于提高农特产品的知名度和美誉度,争创一批在全国叫得响、口碑好的特色农产品品牌,可以让更多群众通过电商扶贫致富奔小康。

第四章　易地搬迁脱贫效果与战略举措

　　湖南省开发建设了"互联网＋易地扶贫搬迁信息管理系统"，对分散安置项目监控到户，对集中安置项目监控到点，并进行进度影像监控、数据综合分析和搬迁对象综合管理，最大限度地提高了管理效率，实现了对易地扶贫搬迁项目的动态、全程和全覆盖管理。引导各地统筹盘活迁出区和安置区各项资源，因地制宜创新后续产业及就业扶持方式。江华县将安置房第一层设计为厂房式门面，支持引导企业将操作简单、用工灵活的劳动密集型生产环节转移到安置点车间，搬迁户"楼上住家，楼下就业"，月均工资达2000元以上。同时，在安置区周边建立一批标准厂房和产业发展基地，通过建立产业发展引导基金，大力招商引资引入企业，吸纳搬迁贫困户600余名，搬迁户年收入达1.5万元以上。对由龙头企业、农民合作社等新型经营主体建设，以及建档立卡搬迁户参与度高的特色农林产业基地给予奖补，形成龙头带基地、基地联农户的模式，增加搬迁贫困对象收入。同时，对在工业园区、旅游景区、乡村旅游区吸纳建档立卡搬迁户就业的企业给予奖补，引导搬迁户向旅游服务业、商贸流通业、交通运输业、工业企业等第二、三产业转移。

一 湖南省易地搬迁脱贫现状

基于"搬得出、稳得住、有事做、能致富"的要求，按照"先定区域再定人"的原则，精准确定搬迁对象，出台项目招投标"七条禁令"，优化调整搬迁建设模式，对 30 户以上的统规统建集中安置项目，委托省建工集团统一进行 EPC（设计、采购、施工）总承包，实行零利润管理，2016~2017 年共完成 50 万人的易地扶贫搬迁任务。通过创新建设模式，充分发挥了国有企业的专业团队作用，简化了项目建设流程，缩短了建设周期，较好地解决了基层项目建设进度慢、标准低等问题。2017 年武陵山片区建成住房 4.53 万套，住房建成率达 99%，搬迁入住率达 98.1%。引导各地统筹盘活迁出区和安置区各项资源，因地制宜创新后续产业及就业扶持方式，解决了易地搬迁户的就业问题，以及企业用工问题。

（一）易地搬迁脱贫政策设计

"十三五"时期，国家易地扶贫搬迁政策发生重大调整。为做好新一轮易地扶贫搬迁工作，根据国家发改委《关于做好新时期易地扶贫搬迁工作的指导意见》和《关于印发"十三五"时期易地扶贫搬迁工作方案的通知》精神，湖南省先后印发了《关于进一步加强易地扶贫搬迁项目建设有关工作的通知》《关于切实落实易地扶贫搬迁集中安置项目质量安全监管责任的通知》《关于加强易地扶贫搬迁项目招投标自查整改工作的通知》《湖南省易地扶贫搬迁工程管理暂行办法》《湖南省易地扶贫搬迁项目验收暂行办法》《湖南省"十三五"时期易地扶贫搬迁实施意见》

等文件，明确了项目招投标"七条禁令"；在优化调整易地扶贫搬迁建设模式后，又印发了《关于进一步配合做好易地扶贫搬迁项目建设工作的通知》，对30户以上的统规统建安置项目，委托湖南建工集团统一进行EPC（设计、采购、施工）总承包，实行零利润管理，全面严格规范建设、质量、验收、考核等关键环节监管。省政府专项安排4500万元，在40个县（市、区）开展了易地搬迁后续产业就业扶持试点示范，有1.1万建档立卡搬迁对象在劳务报酬、入股分红、土地租金等方面直接受益。

1. 搬迁对象

《全国"十三五"易地扶贫搬迁规划》明确指出，易地扶贫搬迁对象主要是"一方水土养不起一方人"地区的建档立卡贫困人口，全国约981万人。[①] 其中：湖南省约80万人，超过全国"十三五"建档立卡总搬迁人口的8%。易地扶贫搬迁对象主要是居住在深山、石山、高寒、荒漠化、地方病多发、无水源、生产资料缺乏等生存环境差、不具备基本发展条件，以及生态环境脆弱、限制或禁止开发地区、2015年人均纯收入2800元以下的农村建档立卡贫困人口，优先安排受泥石流、滑坡等地质灾害威胁的建档立卡贫困人口搬迁。

2. 建设内容

"十三五"时期，为切实做到贫困群众"搬得出、稳得住、能脱贫、可致富"，在加大投入力度的条件下，围绕改善搬迁对象生产生活条件和发展环境，建设住房和必要的附属设施，水、电、路、气、网等基本生产生活设施，教育、卫生、文化等公共

[①] 国家发展改革委：《国家发展改革委关于印发全国"十三五"易地扶贫搬迁规划的通知》（发改地区〔2016〕2022号），2016年9月20日。

服务设施，后续产业及其他相关设施。从生态环境治理、有效合理利用土地的考虑出发，实施迁出区基本农田改造，开展旧房拆除、旧宅基地复垦和迁出区生态修复工作。本着因地制宜、因户因人施策的原则，同步谋划和发展后续产业，以解决搬迁群众长远生计。

3. 安置方式

统筹考虑水土资源条件、城镇化进程及搬迁对象意愿，采取集中与分散相结合的安置方式。易地扶贫搬迁应与同步整村搬迁、农村危房改造、库区移民搬迁等统筹考虑，统一选址、统一规划基础设施、统一推进，但政府不得重复补贴（详见表4-1）。

表4-1　易地扶贫搬迁安置模式

集中安置	行政村内就近集中安置	依托靠近交通要道的中心村，引导本行政村内居住在生存条件恶劣地区的搬迁对象就近集中安置
	建设移民新村集中安置	依托新开垦或调整使用的耕地，在周边县、乡镇或行政村规划建设扶贫移民新村，引导居住在生存条件恶劣地区的搬迁对象就近集中安置
	依托小城镇或工业园区安置	结合新型城镇化建设，在县城、小城镇或工业园区附近建设集中安置区，安置周边不具备基本生存条件地区且有一定劳务技能、商贸经营基础的搬迁对象
	依托乡村旅游区安置	挖掘当地生态旅游、民俗文化等资源，因地制宜打造乡村旅游重点村或旅游景区，引导周边不具备基本生存条件地区搬迁对象适度集中居住并发展乡村旅游
分散安置	插花安置	依托安置区已有基础设施、公共服务设施以及土地、空置房屋等资源，由当地政府采取回购空置房屋、配置相应耕地等资源安置部分搬迁对象
	投亲靠友等其他安置方式	引导搬迁对象通过进城务工、投亲靠友等方式自行安置，除享受易地扶贫搬迁补助政策外，迁出地和迁入地政府应在户籍转移、社会保障、就业培训、公共服务等方面给予支持

此外，各市（州）、县（市、区）应从实际出发确定安置方式，鼓励采取以小集中为主、以就近安置为主方式进行安置。无论采取何种安置方式，易地搬迁贫困农户的原有住房要拆除，其宅基地由县（市、区）政府组织复垦，并依法依规处置。

4. 建设与补助标准

（1）建设标准。按照"保障基本"的原则，中央和省补助的建档立卡贫困户人均住房建设面积不超过 25 平方米（宅基地严格按照当地标准执行）。搬入地在县城及县城以下乡镇和农村的，每户（不论人口多少）在人均 25 平方米的基础上可以增加不超过 25 平方米的总面积，增加面积部分按实际建设成本由农户自行承担费用，不享受补助。对于确需与建档立卡贫困户同步整村搬迁的其他农户，各县可根据当地居民生产生活习惯，结合地方财力和农户自筹能力，自行确定面积控制标准，防止盲目扩大。所有住房均要按住建部门制定的易地扶贫搬迁安置工程住宅设计图集的要求，规范建房风格、层数、规模等。

（2）补助标准。为进一步体现扶贫政策的精准性，适当提高搬迁补助标准，并实行区域差异化补助政策。中央预算内投资补助资金重点支持集中连片特困地区和国家扶贫开发工作重点县，主要用于搬迁对象住房建设。省通过市场化运作的投融资主体承接金融机构贷款，用于支持建档立卡贫困人口住房和安置区配套基础设施、公共服务设施、产业发展与就业培训等项目建设。人均贷款需求根据当地安置住房和配套基础设施建设成本，结合中央预算内投资、项目资本金等已明确的资金渠道合理测算。建档立卡贫困人口住房建设最低补助标准为 800元/平方米，具体补助标准由各县（市、区）制定，报省及市（州）备案。各县（市、区）在制定补助标准时，要确保建档立卡贫困人口搬得出，防止因搬迁加重贫困农户负担，加大脱贫难度。确需与建档立卡贫困户同步整村搬迁的其他农户所需建房资金，由农户自筹解决，国家和省不予补助，安置区基础设施建设一并统筹规划。

5. 资金筹措渠道

"十三五"时期湖南省易地扶贫搬迁总投资约480亿元，通过多渠道筹措解决。一是中央预算内投资补助，鼓励和引导农户自筹部分建房资金，两项合计力争达到80亿元。二是通过调整地方政府债务结构，设立湖南省扶贫开发投资有限公司作为省级投融资主体，承接地方债务资金和专项建设基金注入的项目资本金及易地扶贫搬迁长期政策性贷款，依据政府购买服务协议进行融资。易地扶贫搬迁项目县（市、区）在现有综合性投融资公司下设立子公司，明确其为县级项目实施公司，承接、拨付省级投融资主体注入或转贷资金。省级投融资主体和县级项目实施公司按照市场化方式运作，由省政府向市场化运作的省级投融资主体注入78亿元项目资本金。三是通过开发银行、农业发展银行发行专项建设债券设立的专项建设基金，为市场化运作的省级投融资主体注入40亿元项目资本金。四是剩余282亿元，由国家开发银行和农业发展银行为省级投融资主体提供易地扶贫搬迁长期政策性贷款。

6. 政策保障

"十三五"时期易地扶贫搬迁工作在财政、金融等方面加大保障力度，有力促进了易地扶贫搬迁工作的顺利开展。此外，国家及湖南省政府还在土地、后续保障等方面提供政策支持（详见表4-2）。

表 4 - 2　湖南省"十三五"时期易地扶贫搬迁主要政策一览

支持政策	政策要点
财政政策	①中央和省财政安排资金对长期政策性贷款分别给予 90% 和 10% 的贴息；②项目县（市、区）人民政府应整合扶贫专项与农村危房改造、山洪地质灾害、水库移民、小城镇建设、美丽乡村等渠道财政资金，统筹用于易地扶贫搬迁区域相关项目建设
金融政策	①协助落实国家开发银行、农业发展银行易地扶贫搬迁贷款，加强对金融机构支持易地扶贫搬迁相关情况的督促检查；②鼓励和引导金融机构做好易地扶贫搬迁地区金融服务，通过扶贫小额信贷等支持安置区后续产业发展；③创新金融服务，为符合条件的搬迁对象提供贴息贷款支持，妥善解决搬迁困难群众就业、创业和发展等后续问题
土地政策	①各地要将安置点建设全面纳入本轮土地利用总体规划调整，确保安置点及相关配套基础设施用地符合土地利用总体规划要求；②易地扶贫搬迁安置用地规模指标，如其所在市（州）、县（市、区）无法平衡，由省国土资源厅直接追加；③搬迁所涉及的农村宅基地审批由县级人民政府负责，县国土资源局具体承办；④新增建设用地计划指标，实行直接上报、应保尽保，年底由省国土资源厅统一核销；⑤将符合条件的易地扶贫搬出地，全部纳入土地利用总体规划的拆旧复垦区；⑥易地扶贫搬迁搬出地的老宅基地及相关配套设施必须在规定时限完成拆除复垦；⑦城乡建设用地增减挂钩试点指标向扶贫搬迁任务重的地区倾斜，由省国土资源厅根据扶贫搬迁规划直接予以保障；⑧及时跟踪落实国家支持易地扶贫搬迁土地政策

7. 监督考核

采取主管部门考核、加强资金管理、委托第三方评估等多种方式，对易地扶贫搬迁工程实施情况进行监督检查，实现考核全覆盖。

（1）主管部门考核。省易地扶贫搬迁联席会议办公室组织省发改委、省扶贫办、省财政厅、省国土资源厅、省住房城乡建设厅、中国人民银行长沙中心支行等有关部门建立健全监督考核机制，采取重点地区抽查、扶贫开发建档立卡信息系统监测评估等方式，对搬迁对象选择、规划和年度计划实施、信贷资金及项目资本金运作、城乡建设用地增减挂钩政策运用、搬迁对象脱贫销号等情况进行检查，并将检查和监测结果作为考核依据。

（2）加强资金管理。省财政厅会同相关部门制定易地扶贫搬迁项目资金管理办法，加强对项目资本金及长期政策性贷款资金承接、投放及偿还的监督管理。相关金融机构制定易地扶贫搬迁贷款管理办法，加强风险识别和风险防范，严格贷款用途管理，对贷款支持对象是否精准、贷款资金是否专款专用等进行监督检查，并作为贷款发放与回收的重要依据。

（3）委托第三方评估。省易地扶贫搬迁联席会议办公室委托社会组织以及咨询公司、科研院所等第三方评估机构，通过监测数据分析、实地调研等方式，对易地扶贫搬迁工程实施进展、资金使用、搬迁对象脱贫发展等情况开展第三方独立评估。

二　湖南省易地扶贫搬迁的成效

2016～2017年，湖南省共完成51万人的易地扶贫搬迁任务。2017年，国家下达湖南易地扶贫搬迁任务28万人，实际完成搬迁35万人；总投资212亿元，全年建成住房9.4万套，住房建成率99.3%；已搬迁入住34万人，搬迁入住率达97.4%，其中武陵山片区建成住房4.53万套，住房建成率达99%，搬迁入住率达98.1%，较好地完成了搬迁年度目标任务，引导各地统筹盘活迁出区和安置区各项资源，因地制宜创新后续产业及就业扶持方式，解决了易地搬迁户的就业问题，又解决了企业用工问题。在选择安置点建设的同时，同步考虑搬迁家庭至少有一个劳动力就业和发展脱贫产业，确保搬迁家庭搬出后，实现搬出一批、稳定一批、脱贫一批。通过实施易地扶贫搬迁工程，不断完善安置点基础设施，大力改善公共服务配套设施，明显提高了搬迁家庭的脱贫致富能力，大大提高了其生活质量，有效改善了迁出区的生态环境，加快了落后地区的城镇化进程，进一步密切了搬迁地区的党群干群关系。总的来说，易地扶贫搬迁工程的实施不仅改善了搬迁家庭和搬迁地区的经济效益，而且产生了良好的社会与生态效益。

（一）搬迁家庭生产生活条件改善

易地扶贫搬迁的实施，在很大程度上解决了搬迁家庭的住房安全问题，使其避开了自然灾害易发的恶劣山区环境，规避了自然灾害对生产生活的影响。搬迁到交通便利、经济基础较好和公共服务基础设施较为完善的地方，解决了水、电、路、通信等生活生产条件难题，也有效解决了就医、上学、住房建设等一系列难题，大大改善了搬迁家庭的生产生活条件，明显提高了其生活质量。从调研中发现，搬迁后大多安置点都选择在有一定产业基础、交通较为便利、公共服务较为完善的地方，例如新化县西北边陲的琅塘镇安置点选址设计为"四点三区"，即苏新工贸区安置点（包括富都、龙湾、千岛湖茗苑三个安置区）、团结山安置点、五星安置点及琅天安置点。这些安置点都考虑了后续就业、基础设施和公共服务等问题，使得搬迁家庭的生产生活条件得到了较大改善，从搬迁前的危房、低压电、浑浊水、泥巴路变成现在的钢筋水泥房、动力电、自来水、水泥路，从对一些搬迁后居民的访谈中了解到，搬迁后的巨大变化在很大程度上归结于政府扶贫。

（二）搬迁贫困家庭的收入提高

居住条件的改变，不仅降低了搬迁贫困家庭的出行成本，而且便利了外出务工和就近务工，丰富了搬迁贫困群众接收各种信息，开阔了搬迁家庭成员的眼界，使得其认识水平也不断提高，大大增强了搬迁贫困家庭劳动力脱贫致富的能力，加上政府在选择安置点时考虑到搬迁家庭劳动力的就业问题和免费技能培训，在一定程度上改变了搬迁贫困群众"等、靠、要"的思想观念，激活了他们的内生发展动力，提升了搬迁贫困家庭的收入水平。例如，祁东县马杜桥乡，积极引入农业开发公司，在易地搬迁安置点对面建设 700 亩观光农业风光带，900 亩黄花菜、红心猕猴桃和油茶基地，创造就业岗位 100 余个，实现搬迁贫困户人均增收 2000 余元。在新化县的琅塘镇五星安置点，为了提高搬迁户的家庭收入，确保其"稳得住、能致富"，当地政府在五星安置点成功引进了 5 家电子陶瓷、塑胶、水龙头阀门组装企业，可以解决五星安置点 82 户搬迁户的就业问题，预计每月人均工资 2000～3000元。我们在对工厂工作的搬迁户进行访谈时，了解到搬迁户收入比搬迁前的家庭收入有所提高，而且每天有事做，收入有保障。

（三）迁出区的生态环境改善

易地扶贫搬迁工程的实施，把原本居住在深山、石山、高寒、荒漠化、地方病多发、无水源、生产资料缺乏等生存环境差、不具备基本发展条件，以及生态环境脆弱、限制或禁止开发地区，2015 年人均纯收入 2800 元以下的农村建档立卡贫困人口优先搬迁出来，结合拆旧复垦、土地整治、生态修复等项目，对迁出区旧建筑予以拆除并恢复生态、注重土地开发，强化土地流转，推进生态整体修复。此外，鼓励群众承包迁出区土地，发展绿色经济，以便集中开发种植茶叶、中药材等，缓解人地资源矛盾，实现迁出区贫困户增收与生态恢复双赢，有效改善了迁出区的生态环境。从我们对邵阳、娄底、湘西州、永州等市（州）的调研发现，易地扶贫搬迁通过结合拆旧建新以及生态修复建设，减少了乱砍滥伐现象，提高了森林覆盖率，缓解了水土流失，大大改善了迁出区的生态环境。近些年来，在易地扶贫搬迁项目带动下，湖南省实施退耕还林还湿近 3 万亩，"十二五"期间，全省综合治理水土流失面积达 1929.25 平方公里，这些举措大大改善了迁出区生态环境。

（四）安置地经济社会发展加快

易地扶贫搬迁使大部分山区、库区贫困群众搬至生产生活条件更好的城区、镇区、村庄，人口更加集中，有利于提高公共服务和基础设施建设的利用效率，同时有利于解决集中地经济发展的劳动力短缺问题并繁荣商贸经济，使安置地的经济社会发展得以加快，加速了城镇化和美丽乡村建设步伐。一方面，使分散的人口不断向中心区聚集，提升了安置地的人气；另一方面，许多安置地在县城或乡镇中心地带，城镇人口得以增多，大部分搬迁群众脱离了传统的农业生产，更多地从事第二、三产业，促进了一、二、三产业融合发展，这不仅有利于加快推进我国偏远山区的脱贫工作，也对我国经济社会可持续发展带来长远影响。例如，怀化沅陵县将制鞋车间建在易地搬迁集中安置点内，到 2017 年底，沅陵县已创办"扶贫车间"30 个，吸纳就业人口 2000 人，其中贫困人口 800 多人，使分散的人口得以集中，大大繁荣了安置地的商贸物流。又例如长沙宁乡把易地搬迁与全域旅游有机结合，将黄材水库周边 7 个贫困村 552 户贫困户 1864 人整体搬迁至黄材镇炭河古城"千手大屋"进行集中安置。将炭河古城作为总揽宁乡西部的"牛鼻子"和核心，把沩山风景区、黄材水库和周边有开发潜力的自然生态和人文奇观整合成片，将其打造成为新的旅游目的地，以旅游产业带动就业创业，促进了安置地经济社会发展。

（五）党群干群关系更加密切

易地搬迁集中安置中各级党委政府急群众之所急、想群众之所想，全力帮助搬迁贫困户建房、就业、完善基础和公共服务设施、后续产业发展、生活保障，并努力安排贫困家庭搬迁安置，这一系列惠民举措，得到了广大贫困家庭的欢迎与拥护。县乡村等党员干部为搬迁贫困家庭做了许多细致入微的工作，帮助搬迁贫困家庭做了大量实事，让党的扶贫政策真正惠及搬迁贫困家庭，使得搬迁家庭真切感受到了党和政府的关怀。与此同时，搬迁前一些居住在偏远山区库区的贫困户很难有机会与党员干部交流，一些好的政策可能难以及时传达，而集中居住不仅方便了党员干部经常性走访搬迁贫困家庭，及时传达党和政府的好政策，也方便了贫困群众及时了解党和政府的好政策，加深了党员干部与群众的联系，使党群干群关系得以增进。

三　易地扶贫搬迁的主要问题及其原因

近些年，我国易地扶贫搬迁工作虽然取得了较大成就，但仍然存在一些问题。易地扶贫搬迁效益的充分发挥，不仅需要上级政府的顶层设计，也需要地方政府从实际出发，防止为完成任务一搬了之。要认真审视易地扶贫搬迁中出现的问题并分析其原因，进而通过政策调整来纠偏低效行政干预，提升易地扶贫搬迁效率。

（一）易地扶贫搬迁的主要问题

根据调研和访谈，结合已有的文献资料，湖南省"十三五"时期易地扶贫搬迁仍存在搬迁对象不精准、建设选址不科学、安置点后续发展受限、拆旧复垦难以落实等方面的问题。

1. 搬迁对象不精准

根据我们的调研、湖南省易地扶贫搬迁工作督查巡查掌握的情况，搬迁贫困户的精准识别问题还较大，一些地方还存在应搬没搬、不该搬的却搬了的情况。一是政府部门在确定建档立卡贫困户时，实行搬迁对象工作摊派到村委会，甚至将贫困人口建档立卡系统终端下放到村级，由村干部直接录入数据，在具体操作中容易出现搞平均问题，导致贫困人口和搬迁对象识别不精准的问题。二是很难精确计算区分建档立卡与非建档立卡人口的农民年人均可支配收入，一些外出务工农户对打工收入没有如实反映，有些家庭表面上没建新房，但是有较多存款，而另一些家庭可能碍于面子借了许多钱建了房子，使得一个村里大部分家庭收入差距不明显，造成乡村两级干部为了减轻自身工作压力，在确定搬迁贫困户时搞平均主义，造成识别不精准。三是由于存在关系户、宗族势力等状况，在建档立卡贫困户确定时，容易出现优亲厚友现象。我们在 A 县调研中发现，B 镇 C 村的一户建档立卡贫困户，在县城有商品房，家里住的房子也装修良好，而附近一些条件真正较差的农户并不是建档立卡贫困户，这属于典型的"搬富不搬穷"现象。2017 年，湖南宜章县重点检查易地扶贫搬迁项目中存在的虚报冒领、冒名顶替、违规收费、重复享受等 4 个方面的问题，共清退 48 户不符合易地扶贫搬迁条件的对象。

2. 建设选址不科学

许多安置点缺乏深入的前期审批规划和勘察设计，导致易地扶贫搬迁项目盲目无序推进，造成较大损失浪费。由于一些地方易地扶贫搬迁工作具有安置对象较多、安置点建设较分散、建设工期紧、搬迁任务繁重等特点，一些搬迁项目选址往往缺乏前期严密规划和勘察设计，出现盲目加快项目工程进度、抢工期的现象，进而对选址工作没有实施科学规划编制、严格勘察设计等。易地扶贫搬迁项目前期规划和勘察设计工作不科学、不深入、不严肃，不仅使安置点项目工程质量难以达标，还使项目盲目开工或无序推进，造成建设资金重大损失浪费。我们在 G 县某安置点调研发现，该安置点建设在某镇上，据安置点的居民说，这一安置点建设工期不到一年，周边没有产业支撑，而且缺乏基本的公共服务配套设施，后续隐患较多。

3. 安置点后续发展受限

搬迁后可持续发展是影响贫困户搬迁的一个重要因素。一些安置点由于配套设施不健全，难以保障贫困户的经济收入，入住率不高。一些地方政府对安置点考虑不周，完全出于上级的任务压力随便选址进行集中安置点建设，导致生产生活设施和公共服务跟不上，后续产业发展得不到保障，影响贫困户增收，带来诸多潜在社会问题。通过我们对部分准备搬迁的贫困户的访谈发现，搬迁后虽然改善了居住条件，但是生活压力明显增大，大部分贫困户认为安置点周边后续产业发展不足，搬迁贫困家庭对可持续脱贫感到担忧。主要表现在以下四点。一是由于安置点选址不科学，搬迁后原来的耕地几乎没法种，而在集中安置点的生活开支又增加，安置点就业无法得到有效消化，原有的生活方式难以维持。二是安置点周边缺少耕地、林

93

地和牲畜栏圈，限制了贫困户种植蔬菜和粮食、圈养畜禽。三
是安置点周边大多产业体系不健全且人才缺乏，工业化程度较
低，产业基础薄弱；龙头企业少，缺乏大产业、大品牌；产业
链不完善，第三产业发展滞后，主要发展一些小型加工业，工
资收入偏低，且工资收入很难有持续的保障；再加上搬迁贫困
户中有一部分是老弱病残，难以从事较高强度和技术性的工作，
而安置点提供的公益性岗位也非常有限，要确保这一部分搬迁
贫困户的后续收入是一个大难题。四是水电路气网等基础设施
和卫生、教育等公共服务设施建设滞后，给搬迁贫困户生产生
活带来了诸多不便。这些问题都会导致集中安置房入住率不足，
搬迁贫困户发展致富困难。

4. 拆旧复垦难以落实

拆旧复垦和生态恢复是易地扶贫搬迁工作的一项重要内容，复
垦出的农用地指标，在优先保障易地扶贫搬迁工程用地后，将全部
纳入城乡建设用地增减挂钩项目并予以优先安排。湖南省 51 个贫
困县的增减挂钩结余指标可在省域内流转，其他县的结余指标在县
域范围内使用。增减挂钩的收益是易地扶贫搬迁信贷资金的重要还
款来源。但在实际工作中，由于贫困农民的思想观念一时难以转
变，乡镇和村委会组织对搬迁户实施拆旧房复垦时，工作难度很
大，甚至少部分旧房拆除难度大、成本高，会打破现有生态平
衡。加上有些安置点难以保障搬迁贫困户的收入，一些贫困群众
实施搬迁后，仍然回原地种植农产品，利用旧宅搞养殖、存放农
机具等，不愿拆除旧房。甚至有些年龄较大的贫困群众从感情上
不愿拆除旧房，抵触情绪较大，加之一些项目县（区）没有吃透
政策，对此项工作不够重视，默许搬迁群众不拆除旧房，旧房拆
除工作严重滞后，直接影响了土地增减挂钩政策的落实，使地方

政府还款少了一项重要来源。^① 有些地方有畏难情绪，难以及时启动拆旧房复垦工作，目前仍处于观望状态，造成土地资源浪费。

（二）易地扶贫搬迁问题的主要原因

一是顶层设计不完善。易地扶贫搬迁是一种自上而下的规划性政策设计，"十三五"时期易地扶贫搬迁工作，从中央到地方都制定了一系列规范性的文件，出台了一系列配套政策，为顺利开展搬迁工作提供了重要依据。而上级政策的优劣与否、与地方实际贴切与否，都直接决定政策执行的最终效果的好坏。^② 但在具体执行过程中，由于政策弹性不大，出现了地方不严格执行政策甚至违反政策的情况。^③ 二是政府职能部门没有形成有效合力。易地扶贫搬迁工程涉及扶贫、住建、交通、环保、水利、财政、发改、社保等诸多部门，这些部门之间容易相互扯皮、互相推诿，对易地扶贫搬迁任务的系统性、重要性认识不足，没有把易地扶贫搬迁工作放在脱贫攻坚、全面建设成小康社会的大局中去考虑，难以形成工作合力，严重影响易地扶贫搬迁工作的顺利推进和效率提升，影响搬迁整体工作的成效。三是搬迁贫困户参与不够。从易地扶贫搬迁实践来看，一些地方政府对易地扶贫搬迁政策宣传不够，许多搬迁贫困户对政策了解不深，参与热情较低，主动搬迁意愿不高。同时，一些贫困户长期形成的惰性，导致其摆脱贫困的内生发展动力不足，"等、靠、要"思想顽固，患得患失，消极应对。再加上安置点的选址、建设、后续产业选

---

① 綦鹏林·《甘肃省易地扶贫搬迁工作的实践困境与完善路径》，兰州大学硕士学位论文，2018。

② 刘慧芳·《贫困山区易地扶贫搬迁政策执行问题研究》，郑州大学硕士学位论文，2017。

③ 綦鹏林·《甘肃省易地扶贫搬迁工作的实践困境与完善路径》，兰州大学硕士学位论文，2018。

择等很少考虑搬迁贫困户的实际需求，也没有征求贫困户的意见，导致搬迁地与部分贫困户实际需求有差距，影响了贫困户的整体搬迁，难以做到应搬尽搬。四是社会保障和配套政策不健全。搬迁涉及搬迁户的户籍、医疗、子女教育、社会保障等诸多权益，配套措施的不健全影响搬迁贫困户后续的生产生活，抑制其搬迁积极性。此外，贫困户搬迁后原有生产生活资料的处置问题也容易引发矛盾。其土地承包经营权、林权、土地收益等，如处置不当极易引发基层冲突，也容易为后期生产资料再分配埋下隐患。①

四 化解易地扶贫搬迁问题的政策建议

针对湖南省易地扶贫搬迁政策执行过程中出现的主要问题和矛盾，分析产生问题的原因，并根据各地实际情况，为消除搬迁政策执行中的消极因素提供相应的政策建议。

（一）完善顶层制度的设计

我国易地扶贫搬迁工作是政府主导下的"自上而下"的工程，中央政策直接影响着地方政策作用的发挥。但地方在执行中出现的"政策不匹配"现象使中央易地扶贫搬迁政策效果大打折扣。因此，在易地扶贫搬迁政策的具体实践中，要不断完善顶层设计，给予地方政府更多主动权，充分考虑不同安置点的特殊情况，通过考察、调研和试点，引入容错机制，鼓励基层干部大胆实践、先行先试，注重搬迁政策执行的可操作性、长期性和可持

---

① 紫鹏林：《甘肃省易地扶贫搬迁工作的实践困境与完善路径》，兰州大学硕士学位论文，2018。

续性，完善搬迁政策的执行机制。既要给地方政府留有余地，也要给搬迁贫困户留有一定的迂回空间。上级部门要对基层执行中的有效经验做法给予肯定和支持。

（二）整合力量实现协同治理

各自为政是导致搬迁效率低下的一个重要原因。长期以来，我国政府职能部门相互之间的扯皮现象严重，导致行政效率低下。因此，整合力量，实现协同作战是顺利推进易地扶贫搬迁工作的重要举措。一是要加大思想宣传力度，提高思想认识。组织各级基层党委政府加强易地扶贫搬迁政策学习，扎实研学相关政策，学懂弄通工作操作流程，准确把握上级要求。丰富政策宣传方式，提升政策执行人员的思想政治素质、政策理解能力、政策宣讲能力和组织协调能力，通过进村入户、发放宣传资料、现场观摩等手段传递政策信息，确保搬迁相关政策不打折扣地传递至易地扶贫搬迁对象，就为何搬、怎么搬、搬后怎么办等一系列问题进行有效解答，最大限度地促使搬迁贫困户理解和支持搬迁政策，提高贫困户搬迁的内生动力。同时要加大政策宣传人员、资金投入力度，充分发挥基层村干部传递搬迁政策、反馈搬迁民意的中介桥梁作用。二是整合职能部门的力量。统筹相关职能部门力量，整合资源，引导各相关职能部门在易地搬迁领导小组的统一领导下有序推进部门工作。构建畅通有效的政策执行部门联合行动机制，进一步明确各项工作目标与执行责任主体，完善多项制度之间的衔接机制，使扶贫治理由碎片化向整体性过渡。① 三

---

① 李博、左停：《遭遇搬迁：精准扶贫视角下扶贫移民搬迁政策执行逻辑的探讨——以陕南王村为例》，《中国农业大学学报》2016 年第 2 期。

是引入社会力量，形成帮扶合力。在发挥好驻村帮扶力量作用的基础上，强化社会组织的参与，引导其通过捐助、产业发展基金、社会救助基金等形式对搬迁贫困户进行扶持。积极鼓励龙头企业参与安置点的后续产业发展，解决搬迁贫困户的就业问题。

（三）加大搬迁后续工作帮扶力度

一是要不断完善安置点水、电、气、网等基础设施和医疗、教育等公共服务设施，对安置点的选址进行前期周密规划，城镇安置点尽量选在经济活跃、产业集中、配套齐全的中心区域或商业活跃区。例如，新化县琅塘镇在富都、千岛湖安置小区，利用苏新开发区商业发达、小城镇建设活跃，靠近龙湾国家湿地公园得天独厚的区位优势，引导带动搬迁贫困户从事商业经营活动或劳务就业。二是加强职业技能培训，提高搬迁群众就业创业能力。三是要因地制宜规划布局扶贫产业，以市场为导向发展特色产业，积极培育特色种养业、手工业、乡村旅游等。千方百计拓宽就业渠道，特别是扩大安置点就地就业，使搬迁贫困家庭的劳动力能够有效就业，确保不降低其家庭生活质量。四是要想方设法增加公益岗位、优先安排搬迁中的老弱病残贫困户，确保他们搬迁后可以获得能够适应的工作岗位，保障其生活自理。

（四）着力抓实拆旧复垦

一是及时传达上级拆旧复垦政策，严明落实时限，压实工作责任，定期通报进度，营造赶超氛围；实施村干部责任包干，以"一对一"形式进行政策宣讲，让贫困搬迁户做政策的明白人和受益者。二是明确划分权责，签订拆旧复垦协议，明确验收方式、奖补方式、违约责任等内容，督促各市（州）、县、乡镇研究制定奖励办法和流转收益的分配方案，积极引导搬迁户主动拆除老宅，做好土地复垦、生态修复等工作。同时签订安全风险承诺书，要求搬迁贫困户在镇村的统一指导下开展拆旧复垦，实施安全拆旧、文明拆旧。三是按照"谁先拆、谁先住、公开公平公正"的原则，将拆旧复垦次序作为选房的"先后次序"，谁先拆、谁先选房，并进行及时公开公示。四是指导各县用好用活城乡建设用地增减挂钩政策，配合省财政厅归集各县增减挂钩收益，解决好易地搬迁融资还款来源。

（五）加强搬迁政策落实和监管

一是抓好主体责任和监管责任的落实。督促各市（州）、县（市、区）党委、政府的主要领导真正负起责任来，坚持亲自调度、亲自指挥、亲自解决突出矛盾和问题，形成"一级抓一级、层层抓落实、责任全覆盖"的工作格局，以责任落实促进工作落地。乡镇政府应承担项目管理主体责任；县搬迁办、扶贫、发改、财政、建设、国土等部门负责监管，应承担相应的监管责任。二是继续对易地搬迁实行最严考核评估，考核结果在全省范围通报，纳入各市（州）、县（市、区）党委、政府脱贫绩效考核。对党员干部违反政策确定搬迁安置对象、"优亲厚友"分配安置住房或收受、索取被安置对象好处费，以及在工程项目发包、物资采购等环节收受回扣、索取好处费，以及项目管理失职渎职，导致安置工程建设质量低劣，出现"豆腐渣"工程或烂尾工程等违纪违法问题，应严肃查处并进行追责问责。三是开展拉网式自查。省级政府要组织县内定期开展拉网式自查，确保不漏一个安置点、不漏一个搬迁户，确保问题查摆真实客观，整改措施具体有效。对自查不到位、整改不力的，将进行全省通报、约谈或问责。

第五章　转移就业脱贫效果与路径

做好转移就业扶贫工作，促进农村贫困劳动力就业，将从根本上解决贫困人口脱贫积极性不高、可持续收入能力差等问题，并在阻断贫困的代际传递方面发挥积极作用。近些年，湖南省纷纷出台转移就业扶贫工作的政策和意见，通过摸清基础信息、促进就地就近就业、加强劳务协作、提供公益岗位、加强技能培训、促进稳定就业，扎实推进就业扶贫工作。截至 2017 年，湖南省贫困劳动力转移就业总量达到 70.7 万人，占有转移就业意愿贫困劳动力总数的 93%，转移就业扶贫工作取得了明显成效。

一　转移就业脱贫现状

为了保障贫困户家庭稳定脱贫，确保社会公平，有效实施转移就业势在必行。近些年，湖南省委、省政府大力推进转移就业脱贫，加大转移就业扶贫支持力度，出台了一系列转移就业脱贫政策，湖南全省各地大力落实转移就业政策，转移就业脱贫取得了重大成就，但目前经济处于下行阶段，转移就业脱贫存在诸多问题。

（一）一系列转移就业脱贫政策文件出台

近些年来，湖南省出台多项就业扶贫政策，多渠道、多形式促进农村贫困劳动力转移就业。截至 2017 年底，省委、省政府专门出台了《关于支持贫困地区发展产业、扩大就业的若干政策》《关于切实做好就业扶贫工作的实施意见》等转移就业脱贫文件，明确了 10 个方面的优惠支持政策，为贫困地区发展劳动密集型产业创造了有利环境。创建全国首个贫困劳动力劳务协作市场，建立劳务协作"三张清单"（任务清单、稳岗清单、责任清单），出台优惠政策和补贴政策，推进贫困劳动力稳定就业。到 2020 年底，实现新增农村贫困劳动力转移就业 35 万人，完成贫困家庭"两后生"（初、高中毕业未能继续升学的贫困家庭中的富余劳动力）技能培训 4.5 万人，通过就业创业和提升劳动者素质，促进贫困人口脱贫。

（二）转移就业脱贫的成效

1. 转移就业扶贫岗位不断增多

就业扶贫是增加贫困劳动力收入最直接、最有效的方式之一。湖南省扎实推进就业扶贫，推进贫困劳动力稳定就业，全面启动劳务协作脱贫工作，2017 年，新增 15.6 万贫困劳动力就业；大力开发防汛抗旱、农村道路维护、地质灾害防御、河道清淤、环卫保洁等公益性岗位近 10 万个，优先安排贫困劳动力就业；建设"扶贫车间"700 多家，帮助 3 万多名贫困群众实现家门口就业。截至 2018 年 6 月底，湖南省总计有建档立卡农村贫困劳动力 147.93 万人，在 77.44 万有转移就业意愿的贫困劳动力中，已转移就业 76.46 万人，占有转移就业意愿贫困劳动力总数的 98.7%，人均月工资达 2448 元。为整体推进就业扶贫，湖南省制定了深度贫困地区人社扶贫实施方案（2018~2020年），切实加大深度贫困地区就业扶贫工作力度；加大就业扶贫资金倾斜力度，拨给51个贫困县就业资金8.06亿元。还有些贫困地区通过建立劳务合作基地带动转移就业脱贫，例如，湖南省泸溪县通过在长株潭、京津冀、长江经济带等地建立4个劳务合作基地，通过转移就业带动9215个贫困户家庭脱贫，发放劳务协作交通费补助618万元。

2. 贫困劳动力转移就业形式多样化

省就业服务局不断完善政策，全方位开发就业扶贫特设岗位。研究起草湖南省促进就业扶贫车间建设的意见，拟定了促进就业扶贫车间的扶持政策，大力促进贫困劳动力在家门口就业；注重发挥就业扶贫基地吸纳贫困劳动力就业的作用，确定蓝思科技股份有限公司、广汽三菱汽车有限公司等109家企业入选全省就业扶贫基地，其中70家同时被确定为全国就业扶贫基地；发挥驻外办事机构的作用，积极开发省外就业岗位，目前，还有1.7万个岗位供贫困劳动力选择。此外，进一步完善湖南省劳务协作脱贫综合信息服务平台业务经办功能模块，充分发挥湖南省劳务协作市场促进贫困劳动力就业的功能作用，每月组织一次贫困劳动力对接活动，每周五定期举办专场招聘会，促进用人单位与贫困劳动力精准对接，提供就业岗位近3万个。

3. 贫困户劳动力劳务输出不断推进

近年来，贫困地区大力推进劳务输出脱贫，大力开展各类建档立卡贫困劳动力转移就业技能培训和岗位推介。例如，2017年湖南省新化县举办了"春风送岗促就业·精准扶贫奔小康"新化—宁乡2017年春季大型人才招聘会，承办了娄底市政协"促进转移就业·助力脱贫攻坚专场推介会"，近3000人达成就业意向。发动全县乡镇多场次组织惠州锐达公司专场招聘会，积极促进贫困劳动力转移就业。深入开展"万人免费培训进基层"活动,为贫困劳动力提供就近厨师、月嫂等职业技能培训。同时把贫困劳动力纳入创业担保贷款范围,提供了 80 万元、为期 3 年的政府贴息贷款补贴,实现转移就业 2209 人;完成农村贫困劳动力就业信息平台与省劳务协作脱贫统合服务平台数据对接 48718 人。

(三) 转移就业脱贫的主要问题

1. 经济环境抑制劳动力转移就业

从国际形势来看,目前经济发展充满了挑战,全球发达经济体经济增长放缓,贸易保护主义开始抬头,汇率对抗加剧,全球贸易环境形势有恶化趋势,给中国出口带来了不利影响,不利于出口型企业发展,给中国就业会带来一定程度影响。从国内形势看,随着中国经济结构新旧动能转换加快,特别是供给侧结构性改革力度不断加大,机器替代明显加快,不可避免地会减少一些工作岗位。从省内形势看,湖南处于中部地区,经济发展水平相对较低,就业岗位非常有限,加上经济增长速度处于换档期、结构调整阵痛期、前期刺激政策消化期"三期叠加"时期,[①] 全省规模工业增加值增速从 2010 年 23% 以上的阶段性高点,逐步下滑至当前的 7% 左右,且 2015 年至今持续在地区生产总值增速下方低位徘徊,对经济增长的贡献率由以往的主引擎逐步变为次动力。2017 年基础设施投资增速放缓。受基础设施项目减少和资金来源受限等因素影响,基础设施投资增速持续回落,且明显低于 2016 年同期。全省消费品市场虽然处于平稳增长态势,但近年来仍

---

① 王伟:《新疆就业扶贫的现状及对策建议》,《农业部管理干部学院学报》2017 年第 6 期。

在历史低位徘徊，回升动能缺乏。网购分流消费持续加大。2015 年湖南省购买力外流金额达 775 亿元，2017 年湖南省购买力外流金额超过 1200 亿元。同时，企业也面临融资难、运营成本高等问题，实体经济、民营经济、中小微企业发展环境改善困难，这些都将抑制劳动力需求，不利于农村贫困劳动力转移就业。此外，大学生、返乡农民工创业面临融资难、手续复杂等问题，这也弱化了创业带动就业的作用。

2. 贫困劳动力自身就业能力不足

随着产业结构转型升级的加快，企业用工需求发生变化，对低端劳动力需求将不断减少，对技能型劳动力的需求增加日益明显。而农村贫困劳动力整体上受教育水平较低、劳动技能水平偏低，较低的教育文化水平使这些贫困劳动力接受和吸收新的生产技术的能力较弱，更加不利于转移就业。部分贫困农村劳动力还存在"等、靠、要"思想，将贫困看成一项福利，不愿意从事普通岗位工作，认为工作辛苦、不体面、收入偏低还不自由。同时，从劳动力培训来看，缺乏对贫困劳动力培训意愿和企业用工需求的深入对接，导致培训内容与培训需求、用工需求的脱节。在培训内容上，劳动力技能培训多属于政府点单的模式，对劳动力市场的敏感度不够、对贫困劳动力的培训需求关注不够，导致教学内容老套、课程设置落后于市场需求，从而劳动力培训内容有时无法适应工作需要，不利于贫困劳动力就业收入的提升。[1] 从培训宣传上来看，农村贫困劳动力大多知道就业扶贫项目，但参与培训的主动性不强，存在参加培训后仍然会做一些苦力活、耽误自己赚

---

[1] 元林君：《我国就业扶贫的实践成效、存在问题及对策探析》，《现代管理科学》2018年第 9 期。

钱等错误想法，这进一步抑制了农村贫困劳动力自身就业技能的提升，使其更难以获取工作。

3. 产业发展滞后，本地就业支撑力不够

众所周知，贫困地区之所以贫困，主要是因为贫困地区产业发展滞后。虽然近些年来，湖南大多贫困地区的第二、三产业有了一定程度发展，本地就业岗位不断增多，但产业发展对贫困劳动力充分就业支撑能力仍比较弱。湖南大多贫困地区地处山区，基础设施建设滞后，公共服务供给不足，投资成本相对较高，风险较大，吸引投资环境欠佳，发展产业难以获得大量外部资本投入，尤其是龙头企业缺乏，导致对资本的带动作用弱化，这在很大程度上抑制了第二、三产业发展，造成本地就业空间不足，抑制了劳动力需求的增加，使贫困家庭的劳动力难以获得充分就业。

4. 劳动力转移就业组织化程度偏低

目前，贫困劳动力外出转移就业大多是通过亲戚朋友"传帮带"的方式，在外从事制造业、建筑业、简单服务业等技能要求低的基础性、体力型工作，普遍面临工资水平低、就业环境差、就业不稳定、个人合法权益难保障等问题。地方政府对劳务输出重视程度不够和劳务市场机制发展不够成熟，劳务输出缺乏规范化的信息平台、就业指导和跟踪服务，农村劳动力缺乏获取就业信息的渠道，外出务工存在较大盲目性和随意性。长期以来，地方政府在以 GDP 为导向的政绩考核要求下，执政重心放在发展经济、增加财政收入上，农村劳动力外出转移就业不是其日常工作的重心，[①] 部分基层干部对就业扶贫工作停留在表面上，口号喊得

---

① 元林君：《我国就业扶贫的实践成效、存在问题及对策探析》，《现代管理科学》2018年第 9 期。

多，抓实工作做得少，影响了有组织的劳务输出工作的推进。

二　实施好转移就业脱贫的路径

要推进转移就业脱贫工作的落实，必须根据全省实际状况，深化经济社会发展改革，大力支持民营经济发展，加强劳务合作基地建设，组织好专场招聘会，设立一些公益性岗位，推进居家灵活就业，鼓励自主创业，才能更好地促进转移就业的顺利推进。

（一）劳务合作基地建设转移就业脱贫一批

湖南贫困地区要积极与经济发达地区对接，依托原有劳务输出基地，贫困地区政府要加强与长株潭、京津冀、珠三角、长江经济带、对口支援等地区建立劳务合作基地，积极协调与劳务合作基地的企业和所在地政府开发就业岗位，扩大对贫困劳动力的需求，为贫困劳动力提供免费就业技能培训，优先安排贫困家庭劳动力就业，同时贫困地区政府要给贫困劳动力发放劳务协作交通补助，以解决贫困劳动力外出就业难问题。

（二）组织好专场招聘会对接一批

贫困地区所在县政府相关职能部门每年要定期举行一些招聘会，开展"就业扶贫行动日"系列活动，组织贫困家庭劳动力免费参加招聘会。地方人社部门要与知名就业网站建立良好的合作关系，经常组织企业举办现场转移就业招聘会。人社局在举办转移就业精准扶贫专场招聘会之前，要通知各乡镇人社所对所有建档立卡贫困户进行逐人电话通知，有贫困劳动力的可以免费接送应聘，并提供就业指导，为广大贫困劳动力提供就业、创业、培训、维权等"一条龙"服务,帮助贫困家庭劳动力通过就业实现脱贫。

(三)设立一些公益性岗位安置一批

公益性岗位的设立是安置贫困家庭劳动力的一个重要途径。按照"因事设岗、以岗定人"的原则,根据本地建档立卡农村贫困劳动力数量、经济社会发展水平、就业补助资金承受能力等情况,制订年度公益性岗位开发计划,合理确定公益性岗位的种类、数量及用工形式。扶贫相关部门要通过摸底建档立卡贫困户中一些无法外出务工的劳动力,通过政府购买公益性岗位,安置一批符合岗位要求、外出就业困难的农村贫困家庭劳动力就业,争取为他们就地提供村级卫生管理、公路养护、天然林保护、河道管理、水利设施管理等岗位,还可以在贫困村中开发一些非全日制公益性岗位,例如收集贫困劳动力外出务工情况、未就业贫困劳动力的就业需求和培训需求情况等。根据岗位的难易程度、工作量等,可开发全日制或非全日制公益性岗位,满足乡村的实际需求,有效解决部分贫困户在家门口就业的问题。

(四)居家灵活就业项目解决一批

灵活就业项目具有离家近、工作时间自由、按工作量计算工资等优势,非常适合不能外出务工的贫困家庭劳动力。地方政府要积极实施"居家灵活就业项目进贫困村"专项行动计划,可以采用"企业+贫困户""互联网+贫困户""扶贫车间+贫困户""农业合作社+贫困户"的形式,对贫困村贫困家庭劳动力进行居家灵活就业规划。例如,在采茶季节,鼓励企业招收当地贫困户劳动力采茶,实现工作、家庭两不误。地方政府要引进一些灵活就业项目进驻贫困村，为贫困家庭劳动力提供就业岗位。

（五）鼓励自主创业帮扶脱贫一批

自主创业也是让贫困家庭劳动力早日脱贫的重要方式。地方政府及其相关职能部门要大力扶持贫困户自主创业，支持其搞养殖场、电商、规模种植、农产品加工等项目，为创业担保、贷款。要在"大众创业、万众创新"政策的鼓舞下，大力激励农民工返乡创业。向贫困家庭劳动力、贫困村返乡创业农民工以及在贫困村创办的企业发放创业担保贷款，并为项目提供相关税收减免、代账补贴、金融优惠等财政扶持，实现"扶持一人、发展一业、致富一户、带动一片"的目标。

三　促进转移就业的政策建议

要实现转移就业扶贫助推打赢打好精准脱贫攻坚战，关键是要锁定目标、压实责任、精准施策、抓实工作，真正在精准推进上下实功，努力在精准帮扶上见实效。

（一）加大转移就业扶贫政策宣传力度

采取传统的海报、报纸宣传方式与网络新媒体宣传相结合，大力宣传国家及省脱贫攻坚、转移就业扶贫政策举措，强化贫困家庭劳动力就业创业扶持政策宣传普及，针对一些贫困户劳动力对技能培训认识不足和"等、靠、要"思想开展思想教育，使其转变观念，在全省范围内大力营造就业扶贫浓厚社会氛围。根据贫困户获取信息渠道窄、网络媒体使用少的实际情况，印制《转移就业扶贫政策汇编》发放到村，印制《转移就业扶贫政策办理指南》

发放到贫困户；充分发挥基层干部的作用，引导乡镇劳动保障所（站）工作人员、挂联帮扶干部、村干部定期对贫困户转移就业相关政策利好进行宣传，树立推广转移就业先进典型，调动个人、企业和社会各方面积极性，让贫困劳动力及时、方便地了解各类政策及办事流程，为农村贫困劳动力转移就业脱贫创造良好环境。

（二）大力发展县域经济，拓宽本地就业空间

立足湖南各地特色优势产业发展基础，如农林资源丰富的贫困地区可以引入农业龙头和农产品加工企业，引导贫困户到企业务工；旅游资源丰富的地区可以采取生态观光、民俗体验、休闲养生等旅游模式，鼓励支持当地贫困户开办民宿或农家乐，还可以通过维护旅游资源开发些公益性岗位，促进就地就业。在创业环境上，政府要通过规划区域创业产业园、设立创业专项扶持资金、实行税收减免优惠等方式加大创业政策的支持力度，通过微信、小视频、电视专题等方式宣传创业政策和优秀创业事迹，让各类创业主体想创业、敢创业、能创业，积极扶持农村电商等"互联网＋"新产业、新业态发展，为农村贫困人力资源创造更多就业岗位。通过创业带动贫困户就业，在招商引资上，对吸纳贫困户就业的企业投资落户实施税收减免，重点吸引劳动密集型企业、高新技术产业落户，使产业园区成为吸纳当地贫困劳动力转移的主要场所。[1]

（三）不断完善公共转移就业服务体系建设

一是完善公共就业服务体系。在人员配备、经费保障、信息

---

[1] 元林君：《我国就业扶贫的实践成效、存在问题及对策探析》，《现代管理科学》2018年第 9 期。

化建设上下大力气。在经费保障上，要将县级以下基层公共就业创业服务平台工作经费纳入同级财政预算。在人员配备上，通过政府购买服务、设立村（社区）就业服务员等方式，充实基层就业服务工作队伍。在信息化建设上，要建立多方协作、资源共享的信息网络就业服务体系，打破就业信息平台的区域阻隔，推动"互联网＋就业"工作进程。二是提高公共就业服务的可及性。要在创新公共就业服务方式上着手。要成立乡镇党委牵头的就业服务中心，确保乡镇一把手抓就业扶贫工作；村（社区）就业服务员要做好贫困劳动力信息采集上报、就业政策宣传、就业信息发布等工作；乡镇就业服务机构要加强与企业联络，采集发布就业信息，做好权益保障工作。外出务工人员较多的地区要向外延伸公共就业服务，在劳务输出基地建立办事处和服务中心，做好贫困劳动力的跟踪服务工作。三是要积极做好务工人员后方服务，充分发挥基层党组织作用，采取邻里结对、志愿帮扶等方式，帮助外出务工人员家庭解决农忙缺工、突发事件应急等困难；要充分发挥乡村教师、留守妇女等群体作用，引导留守儿童健康成长，让留守儿童有关爱、有温暖，让务工人员放心工作、安心就业。

（四）提高贫困劳动力转移就业的组织化程度

一是要建立"政府主导、市场运作、精准组织、稳岗长效"的精准对接机制，尽快提高转移就业的组织化程度，抓人力资源市场建设、建设劳动力外出就业基地、开展劳务推介洽谈、推广农民就业协会、发展订单劳务、加强劳动技能培训等，大力发挥政府在劳务输出中的组织引导作用，提高劳务输出的组织化程度，打造劳务输出的地方品牌，确保转移就业的稳定性。二是要大力发展职业中介机构，强化对职业中介机构从业人员的资格认定和业务考核，实现职业介绍收费的公开透明化，推动职业中介机构的规范化、制度化和科学化。三是要建立劳务输出输入地的协同工作机制，通过劳务协作信息综合服务平台建设提供就业政策推送、人岗智能匹配、在线面试招聘、动态跟踪管理等服务，实现劳务输出输入地的供求对接，通过劳务输出输入地人社、扶贫、财政、交通等部门参加的劳务协作脱贫联席会议制度对劳务协作中出现的政策性问题、机制性问题进行沟通协商，统筹推进劳务协作脱贫攻坚。四是要组建一支就业扶贫工作队伍。整合驻村扶贫工作队、乡村干部和挂包单位资源，在行政村组建一支就业扶贫工作队，加强入户调查、组织引导、政策宣传和就业岗位推荐等工作。有条件的行政村组建劳务输出工作站，做好劳务输出的对接工作；暂时没有条件的行政村要引进劳务输出经纪人或务工带头人，全面做好农村劳动力转移就业的对接工作。五是要拓宽就业渠道，主动对接东西部地区劳务合作单位和用工企业，结合实际选定一批具有一定规模、用工规范的企业或人力资源服务中介企业作为主要输出基地。通过协调"务工专列""务工班车"、召开欢送会、全程护送等形式开展成建制输出，提高规模性输出转移就业的带动效应。

（五）强化转移就业扶贫政策的落实

一是要加强组织领导。各县（市）党委、政府有关部门要把转移就业扶贫作为脱贫攻坚的一项重要任务，统筹规划、周密部署、精心组织。要建立党委、政府分管领导负总责，人力资源社会保障部门牵头，扶贫、农业、科技、商务、工会、共青团、妇联、残联等多个部门各司其职、密切配合的协调机制，共同推进就业扶贫取得新实效。二是要强化压实责任。各级各部门要建立责任压实机制，把就业扶贫与"挂包帮"工作同安排、同部署、同推进，各县（市）要把任务分解到具体责任领导、工作人员，确保人人有担子、层层抓落实。三是要严格督查考核。要把转移就业扶贫工作作为省委、省政府重点督查事项，重点督查各县（市）、各部门责任落实、组织推进、调查统计、培训管理、任务完成等工作情况。要把转移就业扶贫工作纳入各县（市）、各部门综合考核的重要内容和脱贫攻坚考核的重要指标，作为干部评先评优和选拔任用的重要依据。对工作成效突出的单位和个人给予通报表扬，责任不落实、工作不到位、任务完不成的，要严肃追责问责。

第六章 教育发展脱贫效果与战略思路

百年大计,教育为本。教育是我国的一项民生工程,教育精准扶贫是一场必须打赢的硬仗。加快推进教育精准扶贫,必须把优质的教育资源送到最需要的地方去。众所周知,贫困地区整体上经济社会发展滞后,经济的落后导致贫困地区教育也非常落后,存在学龄儿童多、师资不足、教学设备落后、教育水平不高、教育物资短缺等问题。近年来,湖南省按照"抓好教育是扶贫开发的根本大计"这一定位,聚焦阻断贫困代际传递这一目标,瞄准增强脱贫致富"造血"机能这一根本,统筹把握特殊与普遍、重点与一般、当前与长远、局部与全体,采取有力措施,扎实推进教育脱贫攻坚,取得了较大成就。

一 湖南省农村教育精准扶贫现状

围绕"一提高、两降低"目标,构建从学前教育到研究生教育的资助政策体系,2017 年共资助 460 万人次,实现贫困学生应助尽助,推进"雨露计划",提高补助标准,支持"两后生"接受职业学历教育；2017 年投入 218.8 亿元，全面改善贫困地区义务教育薄弱学校基本办学条件，目前开工率和竣工率均居全国前列。

（一）一系列精准教育扶贫政策出台

为了贯彻落实《国务院办公厅转发教育部等部门关于实施教育扶贫工程意见的通知》（国办发〔2013〕86 号）精神，充分发挥教育在扶贫攻坚中的先导性、基础性作用，湖南省结合自身实际，2015 年出台了《湖南省教育扶贫规划（2015－2020 年）》，明确提出了实施学生精准资助、贫困地区基础教育发展、贫困地区控辍保学、贫困地区技能人才教育培训、高等教育服务能力提升、校校结对帮扶、贫困地区教师队伍建设、贫困地区教育信息化建设等八大工程，对教育扶贫提出了明确的方向。为了改善贫困地区薄弱学校教育环境，2014 年湖南省教育厅下发了《关于全面改善贫困地区义务教育薄弱学校基本办学条件的实施意见》。2017 年以来，湖南省先后出台《关于加快发展民族教育的实施意见》《关于印发〈湖南省贫困地区中小学校建设实施方案〉的通知》等，加大教育扶贫力度，助力民族地区精准脱贫。这一系列教育扶贫政策的出台，大大促进了贫困地区农村教育条件的改善。

（二）教育扶贫支持力度不断加大

近些年来，湖南不断加大对贫困地区教育发展的支持力度，省级基础教育工程建设项目对贫困地区逐步实行"零分担、零配套"政策。2016 年，湖南省累计投入中央和省级教育转移支付（含专项）资金 167.12 亿元，其中为 51 个贫困县安排了 91.76 亿元。大力开展"三帮一"劝学行动，2017 年湖南全省共劝返 9968 名辍学学生。推进"雨露计划"，提高补助标准，2017 年帮助 5 万多名"两后生"接受职业教育；2017 年投入 218.8 亿元全面改善贫困地区义务教育薄弱学校的基本办学条件；安排 12 亿元支持贫困县建设 40 所"芙蓉学校"，优先招收建档立卡贫困学生。此外，湖南还大力实施"一家一"助学就业·同心温暖工程，多方筹措资金 1170 万元，资助 2016 年秋季入学贫困新生 2925 人，按每人 1 万元标准资助全省特困教师 609 名。与此同时，贫困地区也加大了教育扶贫力度。例如，新化县 2014 年至 2016 年春季累计发放贫困幼儿入园补助资金 1292.3 万元，累计发放农村义务教育阶段贫困寄宿生生活费补助金 5213.5 万元。

（三）实现了对农村贫困学生应助尽助

2016 年，湖南贫困地区学前三年毛入园率为 70.6%，与全省平均水平的差距显著缩小；义务教育年巩固率为 99.89%，较 2015 年提高 0.18 个百分点；高中阶段毛入学率为 84.17%，较 2015 年提高 2.9 个百分点，提前达到《中国农村扶贫开发纲要（2011—2020 年）》提出的要求。湖南认真落实建档立卡贫困家庭普通高中学生免除学杂费、中等职业教育免除学杂费政策，免除民族地区建档立卡贫困家庭普通高中学生的书本费、住宿费。2016 年，全省发放各类资助金 41.85 亿元，资助各类学生达 295 万人次。农村义务教育学生营养改善计划实现了 51 个贫困县全覆盖，单纯因贫困而失学、辍学的现象基本消除。目前，湖南已构建了从学前教育到研究生教育的资助政策体系，2017 年共资助学生约 474.51 万人次，发放资助金约 54.81 亿元。加大对建档立卡大学生的资助力度，在校大学生给予每生每年 4000 元的顶格资助，对 10400 名建档立卡大学新生给予每生 5000 元的入学资助。农村义务教育学生营养餐覆盖到全省所有贫困县，每年受益学生超过

200 万人，实现了贫困学生应助尽助。

（四）贫困户实用技术培训不断推进

近年来，湖南持续扩大面向农村贫困地区的高校三大专项计划招生规模，着力推进职业教育，强化教育扶贫拔穷根的造血功能，努力实现"就业一个、脱贫一家"。三大专项计划（贫困地区定向招生专项计划、农村学生单独招生和农村学生专项计划）2017 年共录取 7737 人，比上年增加了 1685 人，其中 51 个贫困县的招生人数占比达 72%。单独安排招生计划，招收未能升学的建档立卡初中毕业生接受五年制高职教育，在校期间学校提供勤工助学岗位，帮助其解决生活费用。联合省委统战部实施"一家一"助学就业同心温暖工程，全年资助 2500 人接受职业教育。2017 年，湖南对 8 个深度贫困县的中职项目均给予 500 万元专项资金补助。实施深度贫困县建档立卡家庭仍未入学初中毕业生五年制高职招生计划，长沙职业技术学院和湖南民族职业学院的学前教育专业、怀化职业技术学院的建筑工程技术专业、湘西民族职业技术学院的会计和电子商务专业、湖南汽车工程职业学院的汽车电子技术专业和汽车运用技术与维修技术专业中，学生可填报 3 个志愿，享受中职免学费、中职国家助学金政策、大学生最高等助学金和其他资助政策，在校期间由学校提供勤工助学岗位，帮助其解决生活费用。各个贫困地区也加大了对贫困户实用技术培训的投入力度，截至 2017 年，邵阳县完成农村贫困户新成长劳动力职业技能培训 4500 人次，实用技术培训 3 万人次，实现每个贫困户至少有一人掌握 1～2 项实用技术；2017 年新化县完成贫困家庭"两后生"技能培训 241 人，秋季雨露计划职业学历教育补助申请 1720 人，100% 完成任务。平江县对全县"两后生"实行免费职业教育培训，并对参加培训的学生包推荐工作。

（五）贫困地区农村教学条件不断改善

2017年岁末，泸溪县等全省43个县（市、区）完成了国家义务教育发展基本均衡评估验收。至此，湖南89个县（市、区）达到了国家义务教育发展基本均衡县标准，占全省县（市、区）的73%。截至2017年10月，湖南"全面改薄"竣工率达98.56%，工作进度位居全国前列。建设农村标准化教学点1335个，建设农村公办幼儿园202所。投入2.48亿元，支持贫困地区普通高中改善条件。教育信息化"三通两平台"覆盖全省。贫困地区办学条件得到全面改善。同时，不断优化贫困地区教师队伍，2017年湖南农村教师招收各类公费定向师范生9623名，比2016年增加3049名，提高46.4%，为3004所农村义务教育阶段学校招聘特岗教师6015名。教师待遇向农村和贫困地区倾斜，分别按每人每月不低于700元、500元、300元的标准发放补助。实施省属院校驻村帮扶行动，推动30所省属院校帮扶贫困村，在一定程度上提高了贫困地区教学质量。此外，根据2017年由省政协文教卫体委和省统计局联合在十一届省政协第二十五次常委会上提交的调研报告，基于全省51个贫困县（市、区）（纳入国家连片特困地区、国家和省扶贫开发工作重点县、比照享受省级扶贫工作政策待遇县）的789个乡镇，共计2367名乡镇政府和相关部门负责人及1578名乡镇中小学校长接受过问卷调查。针对乡镇政府的789份调查结果显示，全省51个贫困县（市、区）义务教育学校教师配备总体情况基本能满足教学要求。

二　农村教育扶贫的主要问题

近年来，在各级政府的支持下，随着精准教育扶贫的大力实施，湖南省教育扶贫取得了较大成就。然而，在教育扶贫推进实践过程中仍存在一系列问题，既有显性的现实问题，也有隐性的理论问题，只有有效解决这些问题，才能更好地提升教育扶贫的效果。

（一）教育扶贫政策不够精准

现有"三免一补"、困难寄宿生补助、学生营养餐等扶贫助学政策，带有"普惠性"，缺乏精准性，而且标准不高。如贫困寄宿生补助标准为小学生 1000 元/（生·年），初中学生 1250 元/（生·年）（资助面：贫困地区 40%，一般地区 25%）。针对高中学生，①对建档立卡家庭经济困难学生、非建档立卡家庭经济困难残疾学生、农村低保家庭学生和农村特困救助供养学生免除普通高中学杂费，标准为省示范性高中（含特色教育学校）1000 元/（生·期），其他 800 元/（生·期）；②给予家庭经济困难学生 2000 元/（生·年）助学金（具体各地根据实际可分 1~3 档）；③对残疾学生补助 1400 元/（生·年）；贫困残疾人家庭子女补助 1000 元/（生·年）；④民族地区免教科书费（320 元/期）。中职学生助学金 2000 元/（生·年），共补 2 年，第 3 年推荐定岗实习并就业。一部分非建档立卡贫困学生，甚至有些家庭条件较好的也能获得补助。根据我们在 A 县某村一余姓家庭的调查，夫妻俩身体健康，住着三层楼的小洋房，家里装修中等偏上，还开了个养猪场，被评为建档立卡教育资助对象，两个小孩读书都获得了资助，这显然脱离了教育扶贫的精准资助要求，结果是受助面偏大导致人均受助资金偏少。与此同时，教育精准扶贫的法规保障机制不完善。湖南省至今还未就农村教育精准扶贫开发出台相关文件或法规来作为法律保障，只有一些不具备法律效力的文件说明。由于缺乏相应的制度指导、引领和保障，一些参与教育扶贫的工作人员缺乏对教育扶贫工作问题的基本认知，教育扶贫不能达到效用最大化。[①]同时，我们在调研中也了解到，目前义务教育都能读且读得起，但是高中及以上教育有些贫困户承担不起相应费用，尤其是高中教育。

（二）贫困地区教育条件依然滞后

一是教育扶贫资金投入不足。贫困地区对教育扶贫资源的需求量较大，对现有的教育"硬软件"投入期望较高。虽然近几年对贫困学生的资助力度加大，缓解了贫困学子求学的压力，但省扶贫办的调研发现，仍有55%的民众认为，贫困地区教育需要政府大力投入，以提升当地教育水平。由于投入不足，贫困地区学校数量不足，办学条件较差，教学设施落后。61%的民众认为贫困地区教学硬件设施非常薄弱。目前，湖南省贫困地区的小学级还存在部分 B 级、C 级危房；贫困地区学校教学设施缺口较大，所需教学仪器配备不完善，运动场地缺乏，课堂教学仍以过去的黑板＋粉笔为主，再加上贫困地区学校数量的减少，对寄宿制学校需求越来越多，改善寄宿条件急需大量投入，因此加大对贫困地区学校硬软件设施投入迫在眉睫。二是师资力量明显不足，表现为教师整体数量偏少，生师比过高，贫困地区优秀教师外流严

---

① 袁准等：《湖南县域发展报告——聚焦精准扶贫》，社会科学文献出版社，2017。

重，贫困地区教师工资整体偏低，年轻教师不愿意到贫困地区学校任教，有些贫困地区的偏远学校甚至无法维持正常的教学秩序。三是教育培训资源不够。受培训扶持政策标准限制，部分贫困农民不能参加高技能工种培训。加上贫困地区培训机构较少，湖南省一些贫困县甚至没有中等职业技术学校，即使有职业培训学校，其师资力量也比较薄弱，实施雨露计划的学校更多的是注重学历教育，技能培训难以满足企业的需求，影响了培训效果。

（三）贫困群众对教育扶贫认识不够

一是教育扶贫政策宣传不到位。一些偏远山区的学生及家长对教育扶贫政策了解不多，尤其是对建档立卡贫困户家庭的教育资助政策，导致部分贫困学生没有获得相应资助而辍学。二是贫困家庭对子女教育重视不够。由于贫困家庭大多父母文化教育水平不高，对孩子的培养教育能力和意识不足，读书无用论、知识无法改变命运的思想在许多贫困地区仍然存在，尤其是一些村里没有读多少书的年轻人在外面打工赚了钱的时候，一些贫困家庭家长就会认为别人没读多少书也能赚到钱。教育不被重视，再加上一些孩子自身学习动力不足和自我期望值不高，使许多贫困家庭的孩子完成义务教育就选择了辍学，这种现象恶性循环、周而复始，加剧了家庭贫困代际传递。三是对技能培训认识不足。一些贫困家庭和学生认为免费的技能培训不仅需要花较多时间来学习，还耽误了赚钱，从时间上来看，觉得有点划不来。此外，他们还会认为，即使通过技能培训，毕业后仍然是干苦力活，不仅劳累且没面子，他们更多渴望到工作环境较好的单位务工，不愿意干苦力活。从我们对 A 县的调研了解到，该县 2017 年准备组织 50 名贫困家庭学生免费进行挖机、厨师等培训，且包安排工作，但报名的只有二十多人。

三　农村教育精准扶贫的影响因素

在全面建成小康社会和乡村振兴战略推进进程中，农村贫困人口的受教育水平整体滞后，在一定程度上阻碍了农村社会经济的发展和进步。而贫困地区农村经济社会发展滞后，影响了农村贫困户家庭收入的增长，抑制了贫困地区的教育发展。虽然近几年，政府大力推进教育扶贫，但教育扶贫的实施仍不够精准，对贫困户的实际需求考虑不够，在一定程度上影响了教育扶贫的效率。

（一）贫困地区教育水平

在我国目前的教育资源分配中，教育优质资源主要集中在大中城市，贫困地区教育资源的缺乏直接影响了农村贫困人口对教育资源的获得和分配。[1] 贫困地区整体经济发展水平较低，较低的经济水平抑制了教育发展。许多贫困地区在学校发展过程中的激励机制也受到经济的制约，难以调动学校行政人员与老师的积极性。尤其是对于优秀教师和年轻教师来说，没有必要的物质和精神层面的激励机制和政策倾斜很难引进和留住优秀教师，他们扎根贫困地区教书育人的意愿较低，甚至跳槽、脱离教育行列，加上贫困地区学生数量不断减少，教育资源更加难以实现优化配置，导致贫困地区教育事业不能稳定发展，贫困地区教育水平与发达地区差距不断拉大。

---

① 李明：《西部地区农村贫困人口教育扶贫研究》，陕西师范大学硕士学位论文，2018。

（二）贫困户家庭收入

在贫困地区，获取经济收入的机会较少，农户家庭收入结构相对单一，在缺乏资金和技术的前提下，贫困地区家庭收入主要靠种植和打工。而像湖南这样的多山地区，人均耕地资源非常少，种植难以带给贫困户除满足自身家庭需要外的经济收入，如果遇到自然灾害，甚至需要大量购买所需农产品。虽然有许多农村劳动力外出务工，但整体务工收入依然偏低，无法满足日益增长的教育开支。目前要想给孩子提供较好的学习环境，使其接受优质教育，需要大量投入。加上许多贫困地区家庭为了建新房，不惜借钱，以致无力支付孩子上学所需学杂费用。不少贫困地区的学校贫困学生占比较大，他们往往因为家庭无力负担上学所需的费用而正在或即将面临辍学。贫困地区家庭让孩子过早外出务工以减轻家庭负担，影响教育扶贫的有效推进。

（三）教育扶贫的针对性

随着国家教育扶贫及相关政策的全面铺开，教育扶贫力度不断加大，教育扶贫的投入不断增多，但教育扶贫中的诸多问题也日渐凸显。在调研中我们发现，目前的教育扶贫主要集中在对贫困家庭给钱给物，是明显的短期行为。教育扶贫覆盖面明显偏窄，对贫困地区的教育"硬软件"建设明显不够，尤其是贫困地区教育人才引进激励机制缺乏，导致贫困地区学生难以接受较好的教育，没有好的教育就很难考上好的大学，上不了好的大学就会浪费许多钱，即使上了普通大学毕业后仍然很可能跟父辈们一样打工，这使许多贫困家庭对孩子的受教育失去了信心，读书无用的思想在不少贫困地区依然存在，甚至许多贫困地区的孩子没有初中毕业就外出打工，当地教育部门做过大量的思想工作都难以让他们再回到学校接受教育，这样的例子在我们的调研中较多。因此，如果不针对贫困地区的现状，改变教育环境、提高教育水平，教育扶贫可能将很难改变贫困地区落后的发展现状。

四　强化教育精准脱贫的战略举措

教育扶贫是贫困地区家庭持久脱贫的重要"出口"，教育好一个孩子成就一个家庭，成就一个良好的家庭就会增添一份社会和谐。贫困地区的教育扶贫不是简单的上学、升学问题，而是就学与就业、社会和谐能否紧密结合的问题，需要发挥政府部门、教育单位、企业等社会力量的各自优势，尤其需要整合教育、扶贫、人社部门的政策、资金等方面的资源力量，形成整体合力。

（一）加大落后地区教育经费投入

一是要确保教育扶贫资金平稳增长。中央财政要加大贫困地区教育扶贫支持力度，切实减轻贫困地区教育支出压力。省级财政要加大教育经费的统筹，在教育经费分配中注重考虑可用财力、贫困人口等因素，教育专项转移支付增量资金向贫困地区倾斜，尤其向深度贫困地区的教育发展倾斜，着力增加贫困地区学校在基础设施、人才引进、硬件配备等方面的投入，加大对相对贫困家庭孩子上学的补助力度，确保脱贫摘帽后不放松支持政策。二是要大力支持社会力量参与贫困地区学校建设。鼓励支持教育基金会等公益组织参与教育扶贫工作。引导各类企业、社会团体、非政府组织和有关国际组织直接在贫困地区修建学校、实验室等，并对他们的捐助行为进行广泛宣传，调动社会力量在贫困地区捐资建校的积极性。三是要继续完善教育经费保障机制。省财政统筹安排中央和省级资金，加大对落后地区教育支持力度。对省与市县共提的教育支持责任，提高对落后地区的省级分担比例，减轻落后地区教育配套压力；对落后地区教育基础设施建设类项目资金不设置硬性的配套要求。加强教育扶贫资金的使用监管。按照"精准扶贫"有关要求，强化教育扶贫项目与资金的管理，突出贫困地区教育扶贫的工作重点和薄弱环节。加强预算绩效管理，定期对教育扶贫经费绩效进行考评，提高资金使用效益。强化监督检查，定期开展审计监督，借助信息化技术手段对教育扶贫项目与资金实施动态监管，对挤占挪用、截留和贪污教育扶贫资金的行为予以坚决查处。

（二）继续实施好校校结对帮扶

由省统筹推进教育对口支援。承担对口支援贫困地区任务的市（县、区）高校和中等职业学校等要把支持贫困地区教育发展作为工作重点，按照对口支援规划，加大教育帮扶力度。一是要加强基础教育校校结对帮扶。选取一批省内县级及以上城市（城区）义务教育、普通高中优质学校与贫困地区相应学段学校实行校校结对帮扶，按照"三不变"（受援学校现行体制不变，学校法人代表不变，经费机制不变）、"四协调"（受援学校与派出学校协调教育教学管理，协调师资交流，协调教育教学改革，协调教学质量评价）原则，充分发挥县级及以上城市优质学校的示范、引领、辐射、带动作用，促进贫困地区基础教育各类学校均衡发展，逐步提升贫困地区基础教育水平。二是要深入实施职业教育衔接试点项目。遴选一批国家和省级示范性高职院校对口支援贫困地区中职学校，共同开展职业教育衔接教育试点；通过"网络课堂"量身定做一批优质网络在线课程资源，还要经常派优秀专家到贫困地区职高学校进行现场教学和指导实践，畅通贫困地区职业院校共享全省优质职业教育资源渠道，提升贫困地区职业教育整体水平。三是深入做好省内本科高校对口支援工作。继续支持省内综合实力较强的中南大学、湖南大学、湖南师大、长沙理工大学、湖南农业大学、湖南中医药大学、中南林业科技大学、湘潭大学、湖南科技大学、南华大学等与吉首大学、湖南科技学院、邵阳学院、湖南人文科技学院、湖南文理学院、怀化学院、湘南学院、湖南医药学院等建立对口支援关系，以人才培养工作为中心，落实以学科专业设置、学位点建设、师资队伍培养、学校管理制度与运行机制完善等为重点的对口支援计划。

（三）强化贫困地区师资力量建设

深入贯彻落实国家《乡村教师支持计划（2015－2020）》，加强贫困地区教师队伍建设，不断缩小城乡间师资水平差距，让每个贫困地区的孩子都能公平享有高质量的教育。一是强化农村教师公费定向培养。继续稳步推进农村中小学、幼儿园教师公费定向培养计划。同时，根据各级各类教育协调发展的实际需要，形成与国家免费师范生相衔接，各类型、各学段、各学科教师培养全覆盖的地方免费定向师资培养体系。按照"自愿报名、择优录取、公费定向培养、定期服务"的原则，继续为全省农村地区特别是边远地区、贫困地区、民族地区学校招收培养本科层次中职、初中、小学、幼儿园教师和专科层次小学、幼儿园、特殊教育教师。二是健全落后地区教师补充机制。扩大农村教师"特岗计划"实施规模，重点支持贫困地区补充乡村教师，根据国家政策提高特岗教师工资性补助标准。鼓励大学生到贫困地区学校就业。出台武陵山片区、罗霄山片区农村中小学校引进优秀教育人才等激励政策，吸引海内外人才到贫困地区从事教育工作。统一城乡教职工编制标准，增加农村边远地区的教师编制，满足其配备音体美健、英语、信息技术、科学等紧缺学科教师编制需求，确保开齐、开足规定的课程。推进义务教育公办学校校长、教师轮岗交流，完善城镇学校校长和骨干教师到农村或薄弱学校任职任教的机制。鼓励城镇退休的特级教师、高级教师到贫困地区学校支教。三是完善教师培训制度。把乡村教师培训纳入基本公共服务体系，大力推进贫困地区教师培训。不断提高贫困地区"国培计划""省培计划"的中小学校培训比例，支持贫困地区教师、校长培训。加大职业院校专业教师培训力度，强化贫困地区职业学校"双师型"教师队伍建设。加强师德教育，着力提升贫困地区教师思想政治素质和职业道德水平，增强教师教书育人的荣誉感和责任感。加大对贫困地区中小学教师信息技术应用能力培训力度。加快乡村学校音体美等紧缺学科教师培训，加强贫困地区学校骨干教师的培养，鼓励教师在职学习深造，提高学历层次。四是提高教师待遇。研究完善符合贫困地区实际的乡村教师职务（职称）评聘条件和程序办法，特级教师评选、职称评聘、表彰奖励和绩效工资分配向乡村教师倾斜。城镇中小学教师在评聘高级职称时，应有乡村学校或薄弱学校任教两年以上的经历。加大贫困地区乡村教师生活补助力度，建立"越往基层、越是艰苦，待遇越高"的激励机制。加快边远艰苦地区农村学校教师周转宿舍建设，将符合条件的乡村教师住房纳入当地住房保障范围，予以统筹解决。

（四）加快贫困地区学校基础设施建设

良好的基础设施是确保城乡教育公平的基础，没有好的教育基础设施就不可能让贫困地区的孩子接受有质量的教育，改善落后地区教育基础设施势在必行。一是要加快对危房教室、运动场、图书馆、实验室、寄宿宿舍、学校食堂等建筑设施的更新改造，按照"政府主导、社会参与"的原则，加大政府投入力度，加大宣传力度，积极引导社会力量参与贫困地区学校基础设施建设，让贫困地区学生享有安全、明亮、舒适的校园环境。二是要加大现代化教学设备建设力度。加强贫困地区学校教学仪器、多媒体远程教学等现代化设备建设，全面提升教学质量。加快乡村地区学校宽带"校校通"建设进度，及时批复落后地区学校通网络的资金需求，优先为偏远地区小学（教学点）配置数字化教学设备，全面解决偏远山区学校宽带接入问题，实现宽带网络"校校通"。将发达地区优质学校与贫困地区中职学校、乡镇中心校、教学点构建成一体化网络联合学校群，将网络主校的课堂教学、教研活动及教学资源以网络共享的方式推送到网络分校，实现课堂教学过程同步实施、教师同步研修、教学资源同步共享。实施"基础性资源普惠工程"，加强"湘教云"的"资源云"和"湖南微课网"建设，让贫困地区农村教师受益。实施"教育信息化应用十百千万工程"，对贫困地区的项目申报给予倾斜，确保贫困地区教育行政部门、学校及教师的入选比例，实现以创新应用典型来"以点带面"推动贫困地区信息化教育教学的高质量、大规模、普遍性应用。加快贫困地区学校信息化技术管理服务建设，加强教师和行政管理人员信息化运用能力培训，确保贫困地区学校信息化设施稳定运行，保障贫困地区学生及时接受现代教育。

（五）强化教育精准扶贫的绩效考核

要把教育扶贫更好地持续推进和落到实处，不能只做表面文章，要建立一套完善的教育扶贫考核体系，通过分析教育精准扶贫中存在的问题，不断改善已实施的教育扶贫政策，增强教育精准扶贫的效果。一是要建立一套完善的教育扶贫考核指标体系。从扶贫资金的落实、项目的推进速度、项目的完成质量、教学设备硬件、学校人才的引进、学校师生的满意度等方面对贫困地区教育扶贫实施综合评价，评价城乡学校之间的差距，以及在哪些方面需要改进和加强。二是要建立健全考核评估机制。组织省级层面的考核评估小组，对教育扶贫工作进展、质量和成效进行考核，作为对各级政府绩效考核和落实《湖南省农村扶贫开发实施纲要（2011－2020年)》、《湖南省建设教育强省规划纲要（2010－2020年)》、片区区域发展与扶贫攻坚规划的重点内容。将教育扶贫工作列为教育督导和市州教育年度综合考核的重要事项，全面开展改善贫困地区义务教育薄弱学校基本办学条件专项督导等工作，确保地方政府履行责任。建立教育扶贫工作信息系统，持续跟踪监测教育扶贫工作情况。建立健全评估机制，实施第三方评估。加强考核评估结果的应用，政府效能考评、经费分配等要与教育扶贫工作考评结果挂钩。

第七章　医疗健康脱贫效果与
战略举措

"健康扶贫"是在脱贫攻坚的背景下，国家为了解决大量
"因病致贫"和"因病返贫"问题而提出的一项贫困治理方案，
也是"健康中国 2030 战略"在农村地区的一项重要布局，是为
了实现"2020 年全面建成小康社会"的伟大目标而实施的重大扶
贫工程。农村医疗健康扶贫政策的实施不仅有利于巩固"精准扶
贫"的脱贫效果，也能助推"健康中国"这一重大战略部署的发
展。近些年来，湖南全省认真贯彻落实党中央、国务院工作部
署，把医疗健康扶贫作为工作重点摆在突出位置，加强部门横向
协调，推动系统纵向落实，形成了上下联动的工作格局，完善了
"三个一批"的政策措施，加大了能力提升的投入力度，开展了
贫困患者的分类救治，细化了对口帮扶的形式内容，全省各地在
医疗健康扶贫工作中取得了较好成绩。

一　湖南医疗健康扶贫现状

实施"三个一批"行动计划，出台了"三提高、两补贴、一

减免、一兜底"特惠政策，农村贫困人口住院费用城乡居民医保报销比例提高 10%，大病住院政策范围内报销比例提高到 90%，财政对参加城乡居民医保的个人缴费部分给予 50% 以上的补贴，将农村贫困人口全部纳入重特大疾病医疗救助范围，各地普遍实行了贫困人口就医"一站式"结算和"先诊疗后付费"。截至 2017 年 12 月 20 日，已救治 44.16 万人，慢性病签约服务实现全覆盖，贫困人口全部纳入家庭医生签约服务范围。

（一）湖南的医疗健康扶贫政策

为贯彻落实党中央、国务院和湖南省委、省政府脱贫攻坚的战略部署，推进精准实施健康扶贫工程，根据国家卫生计生委等部门《关于实施健康扶贫工程的指导意见》（国卫财务发〔2016〕26 号）和《关于印发健康扶贫工程"三个一批"行动计划的通知》（国卫财务发〔2017〕19 号），全面落实"大病集中救治一批、慢病签约服务管理一批、重病兜底保障一批"的工作要求，将健康扶贫落实到人、精准到病，推动医疗健康扶贫工程深入实施，湖南省卫生计生委、省民政厅、省财政厅、省人力资源和社会保障厅、湖南保监局和省扶贫办联合制定了《湖南省健康扶贫工程"三个一批"行动计划实施方案》，出台了"三提高、两补贴、一减免、一兜底"特惠政策，各贫困地区大多出台了相应的健康扶贫保障配套政策，农村贫困人口住院费用城乡居民医保报销比例提高 10%；提高大病保险保障水平，农村贫困人口大病保险起付线降低 50%，大病住院政策范围内报销比例提高到 90% 以上；提高医疗救助水平，将符合条件的农村贫困人口全部纳入重特大疾病医疗救助范围，对贫困人口中患食管癌、胃癌、结肠癌、直肠癌、终末期肾病、儿童白血病（急性淋巴细胞白血病、急性早幼粒细胞白血病）、儿童先天性心脏病（房间隔缺损、室间隔缺损）等9种大病（简称9种大病）住院治疗的低保对象和非低保对象，其医疗费用经基本医疗保险、大病保险及各类补充医疗保险、商业保险报销后，政策范围内的自负费用，医疗救助分别按照70%、50%的比例救助。对罹患9种大病的农村贫困人口实际医疗费用，经由基本医疗保险等各类保险以及医疗救助基金等渠道支付后，个人自付部分由定点医院给予50%的减免。农村贫困人口通过基本医保、大病保险、医疗救助、商业保险赔付等综合补偿及定点医院减免后，剩余合规自付医药费个人支付仍有困难的，实行政府兜底保障，减轻或免除个人负担。省级财政将适当安排奖补资金，推动市（县）政府落实健康扶贫救治救助主体责任。

（二）医疗健康扶贫的成效

近些年，在湖南省委、省政府决策部署下，湖南医疗健康扶贫有序推进，贫困人口大病医疗保险和补充保险参保率、新农合参合率、大病救助率均大幅提高，大多贫困人口医疗救治得到了有效保障。

1. 得到救治的贫困患者数量不断增多

近几年来，湖南不断建立健全医疗健康扶贫政策体系，制定并出台了实施医疗健康扶贫"三个一批"行动计划、大病专项救治、县域内先诊疗后付费等系列文件，强化多种保障政策的整合，实施"三提高、两补贴、一减免、一兜底"的贫困人口慢病、重病患者救治措施。同时，贫困人口全部纳入家庭医生签约服务范围，并针对不同疾病研究制定分类救治方案，确定139家集中救治定点医院，至2017年7月底，湖南全省已救治贫困人口患者 17 万多人，其中大病患者 1.27 万人、尘肺病患者 2.1 万人、重度精神病患者 11.1 万人、结核病患者 2.05 万人、艾滋病患者 0.6 万人。截至 2017 年底，全省已救治贫困人口 44.16 万人，慢性病签约服务实现全覆盖，贫困人口全部纳入家庭医生签约服务范围。此外，为提升贫困地区医疗服务能力，组织全省 45 家三级医院开展对口帮扶，实现了对所有贫困县 75 家县级医院帮扶全覆盖，使更多贫困患者可以就近就医，减轻医疗负担。例如，湘潭市开展"送医送药送健康，百场义诊进乡村"活动 1823 场次，组织义诊和健康咨询 20 万余人次，发放健教宣传资料 70 多万份，发放药品价值 44 万元。对 1119 名农民工进行尘肺诊断，并对其中 15 例尘肺病人实施救治。对全市 600 名重症精神病人实施专项免费救治。完成免费产前筛查 20654 例，并对筛查结果异常的 181 例贫困低保家庭孕妇补助后续产前诊断费 1000 元/人。完成贫困群众免费白内障手术 5455 例。为农村 25995 人次发放奖扶资金 69.16 万元。

2. 医疗健康扶贫力度不断加大

医疗健康扶贫资金需求量大，如何解决资金短缺问题是有效实施医疗健康扶贫的关键。近些年来，在中央和湖南省政府的支持下，医疗健康扶贫资金投入不断增加，保障了医疗健康扶贫的稳步推进，2017 年中央和省累计安排各项资金 6.5 亿元，用于全省贫困地区医疗卫生机构基础建设和设备配备，同时安排省级预算内资金 1.15 亿元，启动了贫困县县级医院、乡镇卫生院标准化远程医疗诊室建设。2018 年湖南省启动贫困县中医药骨伤特色项目，由湖南省财政厅专项拨款 1600 万元用于支持全省贫困县的县级中医医院中医药特色骨伤专科能力建设。为了减轻贫困家庭的负担，降低其报销成本，2018 年 8 月 1 日起全省全面实现县域内健康扶贫"一站式"结算，切实解决了贫困群众就医报销的"跑腿垫资"等问题。同时，全省多地结合实际，加大了医疗健康扶贫补助力度，打造健康扶贫"升级版"，让生病的贫困户尽可能少出钱，甚至不出钱。例如，湘西土家族苗族自治州花垣县对建档立卡贫困户的大病患者和社会保障兜底患者、特困供养人员患者，其住院费用经各类报销补助后分别仍未达到90%、100%的，由县财政兜底补足；怀化市大部分县（市、区）由财政补贴农村贫困人口购买"扶贫特惠保"；株洲市对农村贫困人口实施基本公共卫生、家庭医生签约服务和个性化管理服务全覆盖；新化县对定点医院执行"先诊疗后付费"、一站式结算等机制，保障了贫困户就医，到2018年6月，贫困人口大病集中救治513人次，支付金额541.54万元。

3. 多位一体医疗救助体系的构建

农村贫困人口通过基本医保、大病保险、医疗救助、商业保险赔付等综合补偿及定点医院减免后，剩余合规自负医药费个人支付仍有困难的，实行政府兜底保障，减轻或免除个人负担。针对谁来"扶"的问题，在全面摸清全省51个贫困县医疗卫生机构现状的基础上，湖南省制定了对口帮扶实施方案，重点实施"科室对科室"的"组团式"帮扶，派出54个专家团队赴贫困地区开展蹲点指导和巡回医疗，进一步强化了对口帮扶工作责任。大力推进社会医疗健康救助，鼓励各种基金组织和医院对贫困地区贫困群众患者进行救助，例如，平江县通过建立"大爱平江"公益基金，对贫困户就医进行资助，减轻贫困人口患者家庭负担；联合爱尔眼科医院集团发起"善行湖南——万人眼健康公益行"活动，每年为1万名以上贫困眼疾病患者免费实施白内障、胬肉和近视手术，达到"治好一个、解放一家、脱贫一家"的目的，截至2017年底累计救助23000多名贫困眼疾病患者，其中建档立卡贫困眼疾病患者 8000 余人。

（三） 医疗健康扶贫的主要问题

在各级政府和社会各界的大力支持下，目前医疗健康扶贫已经取得了巨大成就，但是贫困地区医疗健康扶贫仍面临资金不足，常规体检缺失，导致小病变大病，贫困户医疗开支增加，而能够享受大病、慢病救助的贫困户数量有限，贫困户仍需要承担较高的医疗、交通、陪护等费用，健康返贫的风险依然最高。

1. 享受大病、慢病救助人群有限

自湖南实施大疾、慢病医疗救助以来，医疗健康扶贫取得了较大成就，但是，由于在救助中并没有包括一些诊疗费用，而且报销人员还必须是缴纳了医疗保险的，有些贫困户可能缴不起保险费就不能享受，报销比例就会降低，使一些贫困群体不能享受有效的大病、慢病救助。即使缴了保险费，在各项保险报销后，患者在一次就诊过程中自负部分的费用要超过一定比例，才能获得相应比例的救助补偿，全省大病报销封顶 15 万元。在我们的调研中还发现，一些医院存在过度医疗现象，一些定点医院有意抬高药品价格，药品价格虚高，增加贫困群众医疗负担，使许多大病、慢病贫困户依然看不起病。因此，能够真正得到有效救助的大病、慢病患者群体还有一定的局限性。

2. 贫困户患者看病经济压力依然较大

一是贫困户自身经济条件较差。由于湖南大多数贫困地区一般地处偏远地段，经济发展水平较低，贫困家庭收入结构相对较单一，经济条件相对较差。此外，贫困地区交通条件也相对不便，运输困难，与外界联系困难，农产品价格相对交通便利的地区偏低，而且销售成本高，导致难以获得好的价格，使贫困家庭收入难以提高。一旦贫困户家庭有人患上大病、慢病，大多很难承担得起高昂的医疗费用。二是仍然有些医疗费用未被纳入报销范围。考虑患病救助的家庭经济负担成本，不仅要考虑患者的直接医疗费用负担，还要有对看病需要人照顾、吃住、交通等产生的间接费用、社会生产以及照顾者金钱损失等方面的考量。许多贫困患者在考虑治病时首选在当地的乡镇卫生院或村卫生室买点药来治病，以致一些小病变大病、慢病。由于目前在医院就医以外的其他隐性成本还没有被纳入医保报销范围内，一个人一旦患上大病、慢病仍需要高昂的就医直接开支和间接开支，这使得许多贫困家庭对去大医院看病望而却步，导致病情一拖再拖。根据我们的调研，即使现在农村有了医疗保险，大病报销比例仍然偏低，例如，A县一贫困余姓男子，患直肠癌，平均每年他的医疗开支2万多元，2016年动了一次手术，手术费花了8万多元，其中微创打孔8000元一个，一共打了5个，报销了3万多元。同时，他也提到，后续治疗都是在当地乡镇卫生院买点药吃，根本无法再承担去大医院看病的开支，他说去省城大医院看病不仅需要交通、吃住等费用，还需要他老婆照顾，家里就没法生产，而这些成本开支又不能报销，根本无力承担，使他的病久拖不决。

二　医疗健康扶贫问题的主要原因

贫困地区地方政府能力不足，医疗健康扶贫主体单一，缺乏满足政策要求的必要的资金保障和医疗人才保障，使健康扶贫政策的落地异常艰难；扶贫政策和部门协同机制尚未形成，不仅使贫困人口在医疗卫生服务利用上存在障碍，而且大大降低了健康扶贫政策的实施效率。加之贫困户对医疗健康扶贫了解不足，这些都成为医疗健康扶贫实施过程中的重要障碍，抑制了医疗健康扶贫的效率。

（一）贫困户对医疗健康扶贫政策了解不足

由于落后地区贫困人口思想保守，信息闭塞，再加上医疗健康扶贫政策宣传不够，大多贫困户对目前医疗健康扶贫政策了解并不深，许多贫困户甚至不知道看病有哪些优惠政策，例如，看病报销比例、哪些病可以报销、优惠需要哪些条件等。同时，很少有人对农村人口宣传医疗保险的作用，许多贫困户根本就不愿意缴纳，也造成其一旦生病，报销比例较低，影响其看病的积极性。贫困户对医疗健康扶贫政策了解不够，容易使其对医疗扶贫产生误解，甚至是抵触情绪，不愿意缴纳医疗保险，总认为虽然可以报销一部分，但仍需自己承担较大一部分，在其患上大病或慢病时也不愿意去大医院就诊，随便买点药就了事，这大大抑制了健康扶贫政策的有效实施。

（二）医疗健康扶贫主体较单一

在医疗健康扶贫实施过程中，政府是资金和服务的主要提供者。中央政府的财政实力雄厚，但是地方政府尤其是贫困地区地方政府的财政支出能力非常弱。单靠政府在医疗健康扶贫中唱"独角戏"，难以满足贫困人口的实际需求，也无法达到国家制定的战略目标。单由政府进行医疗健康扶贫存在筹措资金能力低、提供服务模式单一等问题。[1] 由于政府在医疗卫生市场化体制改

---

[1] 陆婵媛：《脱贫攻坚背景下农村健康扶贫的实践路径研究——以贵州省苗县为例》，华东理工大学硕士学位论文，2018。

革过程中出现医疗资源分配不平衡问题，落后地区有效医疗资源供给严重不足，"看病难、看病贵"现象愈发严重。因此，政府必须在医疗健康扶贫中承担主要责任，但政府不是万能的，尤其是落后地区政府能力不足，主要依靠上级财政转移支付开展扶贫工作。在实践过程中，政府实际上成为唯一的医疗健康扶贫主体，市场主体和社会力量的参与缺乏，地方政府承担了巨大压力。虽然中央政府投入了大量财政资金，但是仍然需要各级地方政府进行配套，而在贫困地区，地方政府无力配套导致了一些医疗项目难以实施，无法让医疗健康扶贫有效持续推进。与此同时，医疗服务供给的单一化容易造成医疗健康扶贫资源供给与需求的脱节。目前大多数贫困地区的医疗供给服务主要由很少的几家公立医院来进行，大多私立医院不能参与医疗健康扶贫工作，容易出现医疗服务供给不足的情况，难以满足群众多样化的实际需求。

（三）医疗健康扶贫的多头管理

医疗健康扶贫是一项系统性工程，涉及扶贫、人社、民政、卫生计生、残联、妇联、保险公司等多部门，而这些部门都是平行的，没有一个主管部门，政策制度的设计却是扶贫任务被层层分解下达到各个部门，各部门为了自己的利益，各自为政，容易出现矛盾与偏差；各部门之间的政策衔接和资源分配很难形成统一的价值取向，各部门在扶贫过程中的利益追求不同，从而出现了政策制度的相互矛盾，甚至是脱节。例如，扶贫办负责医疗健康贫困人口识别标准制定、民政部门负责兜底救治、人社局负责医疗保险等，多头管理容易造成资源分散，各部门在没有具体激励机制的动员下通常采取的是"多一事不如少一事"的策略，对非自己职责范围内的扶贫项目采取拒绝或观望的态度，难以形成合力，降低了医疗健康扶贫的效率。[①]

（四）社会力量参与医疗保障的法律法规不健全

要确保医疗健康扶贫的稳定持续推进，激励社会力量参与医疗健康扶贫势在必行。而在目前，我国对社会力量参与医疗健康扶贫的相关法律法规还不完善，难以保障其捐助落到实处。一是大量社会资本还很难有效介入医疗健康扶贫领域，难以同公立医院获得同等的医疗报销待遇，降低了医疗健康扶贫供给服务的质量。二是社会资本参与医疗健康扶贫的基金法律法规滞后。长期以来，保障社会资本参与资助的法律法规还不完善，对资金的使用去向、管理等不够公开，也缺乏相应的法律法规确保捐助资金的安全和不被挪用，导致一些社会资本对各类救助基金的不信任，使社会资本聚集扶贫不足。三是对社会力量参与医疗健康扶贫资金的使用监管不够。在没有相应的法律法规保障下，一些医疗救助基金管理人员可能将救助资金挪作他用，或者不能很好地管理资金，使资金无法获取有效的收益，保障救助基金的可持续性，以至许多社会力量想参与医疗健康扶贫，但又不放心把钱交给救助基金公司管理，进一步导致社会力量参与医疗健康扶贫远远不够，大大抑制了医疗健康扶贫的有效推进。

三　完善医疗健康扶贫的政策建议

医疗健康扶贫关系着大多数贫困群体，可以说，医疗健康问

[①] 陆婵媛：《脱贫攻坚背景下农村健康扶贫的实践路径研究——以贵州省苗县为例》，华东理工大学硕士学位论文，2018。

题是致贫最主要的原因。因此，解决好农村医疗健康问题，关系到全面小康的实现。而要解决好医疗健康扶贫，必须加强医疗健康扶贫宣传，构建多元医疗健康扶贫主体，建立多部门协同的联动机制。

（一）加强医疗健康扶贫政策的宣传

一是要加强对大病、慢病的统计监测，进行有针对性的医疗保障宣传。目前湖南还没有建立起大病、慢病人群的监测系统，也缺乏科学有效的统计手段对大病、慢病人群进行量化统计和动态监测。目前，主要利用村委会来确定农村贫困户情况，这给医疗健康扶贫的救助和政策落实带来了不小的压力。目前仍有许多大病、慢病患者对医疗健康扶贫知之不多，这在一定程度上限制了医疗健康扶贫效用的发挥。因此，建立大病、慢病人群监测系统，动态监测该类人群的经济、健康等情况，为政府更好的医疗健康扶贫决策提供可靠依据。根据通过监测获得的数据，有针对性地加大对大病、慢病扶贫政策的宣传力度，确保大病、慢病患者对医疗保障政策的知情权，让大病、慢病患者也能够积极地参与到医疗保障政策制定和实践中。二是建立公开有效沟通的工作机制。为提高大病、慢病医保就医手续的透明度，人社部门应让医院全面公开告知贫困户看病报销手续、报销流程、报销比例、报销项目等信息，各医疗单位对贫困患者诊断疾病后让其支付的医疗费用全面公开，包括挂号、诊疗、报销比例、付款的全过程信息，为参保贫困户就医时提供一站式服务。

（二）构建多元医疗健康扶贫主体

一是要拓宽医疗健康扶贫的筹资渠道。资金短缺仍是目前医疗健康扶贫的一大问题，近些年虽然中央不断加大医疗健康扶贫的投入力度，支持贫困地区医疗卫生机构的基础设施建设，但每一个项目都要求县级财政进行配套，而贫困县大多财力薄弱，高昂的配套是难以实现的。贫困地区的资金短缺仍然是一个制约医疗健康扶贫的突出"短板"。因此，在进一步加大中央财政支持贫困地区在医疗机构建设、设备改善、人才培养等方面扶贫力度的同时，要不断激励社会资本参与到医疗健康扶贫中来，完善社会力量参与医疗健康扶贫的机制，建立社会扶贫基金，以克服政府资金的不足，提高医疗健康扶贫运行效率。积极鼓励社会捐赠和医疗企业的定点帮扶，在医疗机构建设上提供一定的资金帮扶，减轻地方政府财政负担。例如，可以为贫困村的村卫生室在基础设施完善、设备改善等方面联系基金或企业帮扶，并给予一定的资金支持。还可以通过福利彩票的发行来筹措资金购买贫困村基本医疗设施。二是要大力提升医疗服务水平。医疗服务水平低下是贫困地区的一个重要现象，建立多元化的医疗健康扶贫主体是提高医疗供给服务质量的重要手段。目前政府主导下的城市公立大医院去贫困地区进行结对帮扶，对贫困地区在医疗人才培养、管理服务、医疗指导等方面进行全方面帮扶，在短期内确实可以起到一定作用。但如果不引入大量社会力量参与，撬动社会资本，难以促进贫困地区医疗健康扶贫的持续，要构建起"政府＋社会力量＋医院"的医疗健康服务体系，从医疗人才进行突破，补齐医疗人才短板。可以从贫困地区已有的医务人员中选择一些到大医院不断进行学习培训，也可以鼓励本地学生学医并签订服务协议返乡服务，并对其进行奖励和资助。同时，也要切实提高基层医生待遇，既要引进人才，更要留住人才。三是要大力借助"互联网＋"建立医疗扶贫补充。利用"互联网＋"的大病众筹新模式，借助互联网力量聚集社会力量为农村"因病致贫"家庭提供求助新渠道。政府要鼓励网上轻松筹为患大病、慢病致贫的农村贫困户筹资加大宣传力度，提供便利，这是解决农村"因病致贫"的一种新模式。

（三）建立多部门协同的联动机制

要加强医疗健康扶贫制度的顶层设计，增强政策之间的协调性以及"益贫性"。一是要精准识别"健康扶贫"目标人群对象，提高政策瞄准的精度。明确哪些家庭已经是"因病致贫"，哪些家庭因有大病、慢病患者可能"因贫致病"，前一类家庭救助重点是加大后续发展补偿，解决后顾之忧，后一类家庭则更注重疾病治疗补偿。建立基于家计调查"因病致贫"人口识别机制，建立贫困人口"患大病、慢病"数据库，建立多系统对接的农村医疗健康扶贫信息共享平台，为后续医疗救助做好数据基础。要对农村贫困人口进行医疗救助政策倾斜，除了提高已有报销补偿比例之外，要提高贫困人口新农合的门诊封顶线，降低住院费用的起付线；大病保险方面要降低贫困户缴纳的保险费用，进一步降低起付线，并针对地方多发性重大疾病，扩展报销补偿目录。二是构建多部门利益联结机制。要建立自上而下的"健康扶贫"工作组和领导小组。把扶贫、卫计、民政、社保等涉及的主要部门纳入工作组中，由各部门的主管领导组建一个领导小组，共同负责"医疗健康扶贫"项目的推进。建立工作小组后，要明确各部门的具体职责，在需要两个或多个部门共同协作完成的政策推进任务上必须明确相应的职责或者确立共同责任制，由原来的纵向管理模式向横向的部门协作模式转变。同时，要建立起联席会议制度，形成部门间的常规协商机制，就医疗健康扶贫中出现的问题共同进行讨论协商，寻找解决办法。形成工作小组内的领导干部和基层工作人员考核机制。各领导除了要接受上级主管部门的监督，还要在健康扶贫的工作体系中接受其他部门的监督，把贫困人口医疗救助满意度作为一个重要考核指标。[1]

---

① 陆婵媛：《脱贫攻坚背景下农村健康扶贫的实践路径研究——以贵州省苗县为例》，华东理工大学硕士学位论文，2018。

第八章　生态补偿脱贫效果与模式

党的十八大以来，生态文明建设被纳入"五位一体"总体布局，全面建成小康社会成为"四个全面"战略布局的首要任务，充分体现了党和国家对经济社会建设与生态环境保护的高度重视。生态扶贫是精准扶贫思想在生态环境脆弱地区实践过程中的延伸和发展。实施全新的生态补偿脱贫理念，把脱贫工作和生态环境保护纳入一个系统进行实践，必将对我国目前的扶贫工作产生重要的有益影响。实施生态补偿脱贫是解决当前我国农村落后地区贫困问题的一个重要途径，尤其是对生态环境脆弱地区的脱贫意义重大。因此，生态扶贫对像湖南这样多山的生态环境相对脆弱的省份有着十分重要的意义。在开展生态扶贫实践过程中，湖南应充分考虑各贫困地区的生态实际状况，分析各贫困地区面临的主要生态问题，有针对性地提出符合湖南各贫困地区经济社会发展实际的举措。

一　湖南生态扶贫开发现状

湖南省60%以上的土地是林地，60%以上的贫困人口分布在山区、林区。近些年来，作为一个生态资源丰富的大省，在中央政策的指引和支持下，湖南省大力实施生态扶贫，围绕生态资源做文章，打出"组合拳"，既帮助了落后的生态脆弱区大力发展经济，为经济发展筑牢了生态安全屏障，又为生态脆弱区的贫困户找到了一条可行的脱贫致富之路。

（一）湖南省生态扶贫开发的成效

1. 生态扶贫资金投入力度大

在国家"五个一批"脱贫攻坚指引下，近些年湖南省不断加大生态扶贫力度。2017 年安排到贫困地区的国家林业重点工程、科技推广、产业园建设等项目资金达 22.52 亿元。同时，省财政厅、省林业厅、省扶贫办联合出台了《湖南省建档立卡贫困人口生态护林员管理办法（试行）》，实施建档立卡贫困人口生态护林员补助政策，按每人每年 1 万元的补助标准，聘用符合条件的建档立卡贫困人口为生态护林员。2017 年，中央和省财政共安排 1.48 亿元，在 51 个贫困县聘请生态护林员 14800 余人。2017 年湖南省安排省级生态护林员补助资金达 845 万元。

2. 生态护林员项目带动脱贫和生态建设

湖南省通过购买劳务的方式，选择能胜任野外巡护工作的建档立卡贫困人口，就地转岗为生态护林员，实现了"一人护林、全家脱贫"。进一步提高生态公益林补助标准，2017 年将 1.48 万名贫困人口选聘为生态护林员；组织脱贫攻坚造林专业合作社，2017 年在贫困县完成营造林近 700 万亩，帮助贫困林农获得收入近 10 亿元。2017 年，全省争取的中央财政资金比 2016 年增加 3000 万元，总数达到 1.4 亿元，按每人每年 1 万元的标准聘请生态护林员。新增的 3000 万元，重点安排在 11 个深度贫困县。同时，湖南省 2017 年省级生态护林员补助资金主要安排在祁东、双峰、洪江等不在国家生态护林员项目实施范围内的省级贫困县。至此，全省实现省级以上贫困县生态护林员项目全覆盖。使生活在山区、林区的贫困人口从依靠砍木材、打猎物维持生计，变成了现在"靠山吃山"。截至 2017 年底，湖南全省的生态护林员达 14845 人，带动约 4.8 万人实现稳定脱贫。全省因此新增森林、湿地管护面积约 3000 万亩，进一步加强了生态文明建设。各贫困地区也加快落实了生态护林员项目，取得了重要成就。例如，2017 年湘西州新增生态护林员 2347 人，带动 10687 人脱贫，截至 2017 年底，全州生态护林员已累计达 7474 人，带动 32137 人脱贫。

3. 生态旅游经济发展势头良好

过去，老百姓眼里只见森林树木，靠树赚钱，不知道靠景赚钱。如今，在省委、省政府的引导、扶持下，贫困地区老百姓加快发展生态旅游，保护生态，打造山清水秀的生态景观，实现了绿水青山就是金山银山。例如，张家界市的武陵源区，正是依靠发展生态旅游已经成功实现了脱贫摘帽。推进大湘西和大湘东 13 条旅游精品线路建设，所覆盖的 531 个旅游扶贫重点村实现脱贫致富，辐射带动全省 1000 个以上建档立卡贫困村脱贫，投资 5000 万元专项支持神奇湘东文化生态旅游精品线路建设，茶陵县、桂东县获评湖南省旅游扶贫示范县，片区县群众生产生活条件大为改善。加强少数民族特色村镇建设，开展"湖南省最美少数民族特色村镇"评选活动，支持少数民族特色村镇创建 A 级景区，武陵山片区有中国少数民族特色村寨 44 个，占全省 75.86%。湖南全省目前森林公园所在地的村有 1000 多个，将近 200 万村民受益于森林旅游资源，实现了脱贫和增收致富。例如，由雪峰山生态旅游公司牵头运营的溆浦国家森林公园，村民通过以林地入股的方式享受盈利分成，还自建农家乐，探索形成了"雪峰山扶贫开发模式"。在益阳安化，柘溪国家森林公园主动将周边农村纳入公园接待服务区，建成多个森林人家，同时发展农副产品生产，带动当地农民每户每年增收逾万元。同时，湖南省正在积极推进森林康养基地建设，大多基地位于贫困地区，将带动更多贫困户就业、增收致富。

4. 特色林下经济取得长足发展

近年来，湖南省大力发展油茶和林下产业两大特色经济，实施生态扶贫。湖南省是全国油茶第一大省。栽种油茶树，大力发展油茶产业，不仅创造了收入，而且保护了生态。全省51个贫困县都是油茶种植区，截至2017年底，全省油茶种植面积超过800万亩。同时，省林业部门大力实施油茶补贴扶持政策，以每年"新造50万亩、低改抚育90万亩"的速度，大力推进油茶产业和扶贫事业发展。2017年，湖南省在贫困县（市、区）安排林下经济扶持项目48个。利用良好的林业生态种养出来的药材、鸡等农产品，市场销售良好。大批生态护林员和发展森林旅游的林农，积极"兼职"发展林下经济，拓宽收入渠道。2017年，平江县林下经济面积发展到45万余亩，参与林下经济开发的林农达5.2万户，其中贫困户1.8万余户，户均实现增收3500多元。绥宁县把南竹产业作为重要扶贫产业，竹农在南竹开发中可获南竹低改或新造奖补，集中连片50亩以上南竹低改的，奖补400元/亩。经低改后，每亩竹林年产竹40根，产笋100公斤左右，竹农每亩收入600元以上。2017年，绥宁县农民人均竹业收入达1136元。从全省范围来看，2017年在贫困县完成营造林近700万亩，帮助贫困林农获得收入近10亿元，发展林下经济的贫困人口可实现人均增收800余元。

（二）生态扶贫的主要问题

1. 产业发展项目同质化严重

由于贫困地区在生态产业项目培育过程中对自身发展定位不明确，在同一个市域内地域分工不明确，重复建设、产业重构现象突出，生态产业选择在同一区域内的空间分布上雷同现象较为严重。例如，近些年来，湖南各个贫困地区大力发展生态旅游、茶叶、油茶等项目，而实际效果却大打折扣，生态旅游项目产品往往缺乏差异性，彼此风格雷同，一些没有名气的生态旅游景点对游客的吸引力严重不足，对贫困地区和贫困户增收效果并不明显。同时，由于前些年茶叶、油茶的价格较高，各个地区大力发展茶叶、油茶等林下经济，且贫困地区的这些产品大多在同一时间段集中上市，市场上容易出现严重过剩。在我们对一些贫困地区茶农的调研中也了解到，近几年茶叶收购价呈下降趋势，对茶叶要求也越来越高，茶农收益明显下降。因此，贫困地区一些林下经济的预期收益难以实现。

2. 生态扶贫对贫困户扶持作用有限

一是生态扶贫政策对贫困户作用有限。湖南省生态扶贫规模较大，需要完善的设施较广，需要的资金较多，地方政府所具有的资源无法完成这一工作，甚至一些生态扶贫资金有可能被贫困地区政府挪作他用。多数林业生态建设项目属于中央、省级财政资金项目，项目规划条件要求高，部分建档立卡贫困户不具备实施林业生态项目的条件，导致建档立卡贫困户享受林业生态项目的政策扶持有限，生态补偿、退耕还林惠及贫困户的范围窄，覆盖面小，对贫困户收益的增加作用有限。二是林下经济效益不明显。湖南省贫困人口大多分布在山区，且山区贫困人口较为分散，贫困人口的集中度不高，适宜实施林下生态经济项目的土地、林地资源分布较分散，实施规模化、连片化、集中化林下生态项目难度大，林下经济项目的规模效应难以发挥。同时，林业生态项目初期投入大，前期投入没有收益，经营效益见效慢，短期内难以见到成效。随着林业改革不断深化，造林绿化的质量要求提高，难度增大，所需投入资金增多，但上级部门对其支持力度不够大，资金补助不多。退耕还林、长防林、森林抚育等项目的局限性，使之均不适宜贫困户脱贫。三是护林员工资收入相对较低。由于贫困地区财政收入有限，生态林管护经费严重短缺，加之护林员人均管护面积很大，实际报酬与劳动付出的差距很大。

3. 贫困地区区位劣势抑制生态经济发展

大多数贫困地区处于山区、林区，交通、供电、供水、信息等基础设施相对落后，在一定程度上抑制了外部资本的投资介入，阻隔了其与外部的有效连接；也不利于旅行社和外部游客的进入，阻碍了生态旅游经济的发展；同时，交通的不便也增加了林下经济发展的经营成本，降低了落后地区林下经济的竞争力。因为基础设施的发展滞后，贫困地区涉农龙头企业也较少，示范带动作用不强。已有涉农龙头企业整体发展水平较低，生产规模小，缺乏精、深加工能力，产品档次和附加值不高，生产成本高，市场竞争能力不强，抵御市场风险能力弱，带动贫困户发展林下产业、脱贫致富的后劲不足。

4. 林下产业发展重栽，轻管理、经营

近些年来，湖南大力支持各个贫困地区实施茶树、水果等林下生态建设项目，但一些贫困地区部分建档立卡贫困户因缺乏劳力，存在重栽、轻管理的现象，造成苗木成活率不高。由于贫困地区基础设施发展滞后，大型农业产业化经营龙头企业较少，大多贫困地区发展林下产业依然只重视栽培，后期的产业加工明显滞后，造成贫困地区林下产业依然是粗放式发展，只能获取较低价格的原材料供给收益，无法享受经营加工带来的高附加值收益。再加上贫困户自身的土地资源有限，能够种植的林下生态产业规模有限，难以获得较多的收入，这不仅对贫困地区经济社会发展不利，也无法让贫困户获得真正的超额收益，实现真正的脱贫致富。

二　优化生态扶贫开发的模式构建

促进生态扶贫开发的有效实施，要从湖南各贫困地区生态实际出发，根据贫困地区生态环境保护的问题，有针对性地优化生态扶贫开发模式，从绿色经济发展、生态建设与保护等入手，创新生态扶贫开发模式。

（一）绿色经济发展模式

1. 生态文化旅游业模式

相较于传统文化旅游模式，贫困地区生态文化旅游的发展有利于保持生态原貌、挖掘地方文化资源、保护好青山绿水。对于生态环境良好的贫困地区，由地方政府加大宣传力度，让贫困地区居民参与旅游开发、管理及成果分享。在充分了解湖南贫困地区旅游资源实际情况的基础上，加强与周边生态文化旅游资源的整合，合理创建生态文化旅游建设协作区，打造生态文化旅游区域合作示范区。根据湖南各贫困地区实际状况，引导社会资本投入，因地制宜设计生态文化旅游项目，避免同质化，保护好生态文化旅游资源。大力打造文化型生态游、青山绿水型生态游、温泉康养型生态游、农产品采摘型生态游等，加强生态文化旅游产品的研究与开发，打造生态文化旅游产业链。生态文化旅游业开发不能脱离生态环境保护的总体格局，实现生态文化旅游业和生态环境保护的有效融合，提升生态效益。与此同时，贫困地区生态文化旅游的开发不能脱离贫困农户的参与，要充分发挥贫困农户的主体地位。贫困地区不仅经济发展比较落后，而且思想文化观念也相对落后。因此，发展生态文化旅游业，既可以提高贫困地区农户的经济收益，还可以有效转变农户的生态环境保护意识，实现绿色发展。

2. 康养服务业发展模式

在"健康中国"正式成为中国发展核心理念的背景下，健康养老产业将在未来较长一段时间迎来重大发展机遇。同时，伴随"特色小镇"国家战略的落地，目前中央政府已出台了一系列政策，从多个方面鼓励地方开展"特色小镇"建设，贫困地区要充分利用生态环境优势，打造康养特色小镇，实现绿色发展。一是将康养产业与绿色生活、优美生态相结合，养老功能要高于养老院，养生功能要高于疗养院，养病功能要高于医院。这是一种个性化、品质化、定制化服务产品和品牌。二是融入生态环境，乃至景区，有时还要融入乡村、田园、森林、河流。三是融入文化和旅游，这种文化呈现的不仅仅是一种休闲、康养、度假氛围，乃至品味和品质，这种旅游可能以一种旅居的形式来体现，这就需要增加文化内涵、体育健身等休闲运动业态。要根据湖南贫困地区资源特征，主要打造天然资源引领的康养生态小镇，依托当地的资源禀赋，如自然、生态、人文、历史和文化等，打造以生态环境优势为主题引领的特色康养生态小镇，其核心业态体现为以常规性的医疗服务、康复护理和养老养生为主。

3. 绿色农林产品发展模式

贫困地区良好的生态环境，加上近些年来贫困地区交通、电力、信息等基础设施的不断完善，为绿色农林产品发展提供了良好的外部条件。随着电商的快速发展，进村入户派送商品已经在一些贫困地区逐步实现。湖南各贫困地区要按照当地特色农林资源，搞差异化生产，做出具有自身特色的绿色农林产品。一是大力发展绿色水果。各贫困地区要根据已有的产业基础，充分利用生态环境资源，探索改良现有水果，有针对性地为土壤补充微量元素和有机质，利用最新科技诱捕器治虫，实现绿色发展，打造"三品一标"（无公害农产品、绿色食品、有机农产品和农产品地理标志）农产品。二是大力发展绿色林下产业。以实施绿色生态产业扶贫项目为抓手，以贫困农民脱贫增收为目标，建立"农林合作社＋贫困户"的林下产业扶贫开发激励机制，大力培育、发展、壮大林下绿色生态产业。湖南拥有丰富的森林资源、中药材资源、景观资源，为发展木竹加工、中药材、畜禽养殖、花卉苗木、食用菌、茶叶、油茶、有机蔬菜等产业提供了重要基础和良好条件。不断细化帮扶措施，采取林业用地选择、项目资金扶持、技术指导服务等系列帮扶举措，扎实推进农林合作社与贫困户合作开发笋竹林、花卉苗木、油茶瓜果、林下种养加工等，促进扶贫产业抱团式发展，将贫困户精准嵌入各个林下绿色生态产业链条中，拓展农村贫困家庭劳动力就业渠道和增收空间。

（二）生态建设与保护模式

1. 生态城镇建设模式

湖南各贫困地区要根据自身的特点，依据生态移民的需要，维护和保护原地区的生态环境，合理地发展生态化的特色小城镇，要加快对贫困地区特色小城镇整体性规划，树立正确的生态观念，将特色小城镇建成一个由多种成分构成的系统，并科学合理地对各系统进行组合关联，疏通相互间的回路，使各环节各得其所、各尽其能，达到生产、加工、供销、再生产等环节互相适应，协调发展。[①] 生态小城镇建设要与三大产业融合发展，促进生态特色小城镇建设与生态环境保护、产业协调发展。充分学习与借鉴一些国内外绿色特色小城镇建设的成功经验，在此基础上根据自身的地区文化特色进行生态改造，打造可持续发展的生态特色小城镇，提升城镇吸引力，吸引外来游客参观。通过生态特色小城镇建设积极引导贫困山区、库区的村民移出环境承受量大的原居住地，缓解生态保护与生产发展之间的矛盾，促进贫困地区村民生活水平的提升。

2. 生态管护员模式

为了更好地实现生态环境保护和扶贫开发的联动，在准确把握湖南各贫困地区实情和地域特点的基础上，根据湖南林地和湿地状况继续探索研究具有湖南省域特点的护林员和护水员的发展模式。根据生态文明建设的要求，统筹谋划，将分散在贫困地区各乡镇、村社的生态管护人员，按照"县建、乡聘、站管、村用"和"目标、任务、资金、责任到乡镇"的管理机制，建立建档立卡户生态管护员管理档案，实行动态管理调整，加强生态管护员的培训，提升其护林、护水意识。通过生态管护员与各乡镇签订管护协议的模式，将生态管护员全部纳入扶贫对象，加大对生态管护员资金投入力度，不断提高其家庭收入，实现保护生态环境和促进贫困户脱贫的"双赢"局面。

---

① 史峰博：《秦巴山连片特困地区生态扶贫开发研究》，长安大学硕士学位论文，2016。

三 湖南省生态扶贫开发的政策建议

更好地实施生态扶贫开发，要根据湖南贫困地区的实际，继续完善贫困地区的基础设施，加大绿色特色产业扶持力度，加强贫困地区绿色产业发展技术支持，建立健全贫困地区的生态补偿机制。

（一）继续完善贫困地区基础设施

湖南贫困地区主要在山区、林区，基础设施条件还相对比较落后，要顺利推进贫困地区生态扶贫，必须完善贫困地区基础设施。一是要加强交通设施建设。受地形地貌的影响，一些山区、林区县城至今还未通火车，高速公路出入口也比较少。近几年，虽然高速公路在大部分贫困地区已陆续开通，但当地许多农产品依然无法及时运输出去，在一定程度上抑制了贫困户的增收。因此，加强贫困地区的交通建设是活跃贫困地区经济发展的前提条件，不仅要合理地布局和规划修建铁路和高速公路，尽量在农产品比较集中的主要乡镇建立大型物流设施和公路出口，同时不断完善乡镇和村组公路，建设通乡通村公路，将各个村紧密联系起来，以便发挥农产品规模效应。二是要大力推进贫困地区信息化建设。只有加强贫困地区信息化建设，建立通畅的网络才能更好地与外界交流，才能通过电商把贫困地区的绿色农产品以更好的价格卖出去。不仅要加大信息基础设施投入，还要加大贫困地区信息人才培养培训。三是加强电力、水利等设施建设。只有加强贫困地区电力、水利设施建设，有有保障的水电供应和更优惠的水电价格，才能吸引更多资本入乡进村发展绿色扶贫产业。四是要加大环保设施建设投入力度。要贫困地区保持绿水青山，不仅要大量增加环保设施的投放，还要建设一些较大型的生活垃圾处理设施。同时，只有结合贫困地区实际需要，不断完善贫困山区、林区基础设施，才能将山区、库区贫困户从环境恶劣、地势危险的生态脆弱区转移出去，实现生态环境保护和经济协调发展。

（二）加大绿色特色产业扶持力度

总的来说，湖南贫困地区蕴藏着丰富的耕地、林地、草地、水域、生物等生态自然资源，这些得天独厚的生态资源优势为贫困地区发展绿色特色产业提供了有利条件。一是大力发展生态文化旅游产业。各贫困地区要利用自身已有的生态资源优势发展优势产业。在产业扶持上要避免县域间同质化、低层次竞争，要加大生态旅游景点基础设施投入，完善其基础设施，推进全域生态旅游开发，打造差异化的生态景点。例如，武陵山连片贫困区要注重民族文化旅游开发，实施特色民族村镇和古村镇保护与发展工程，形成一批文化内涵丰富的特色旅游村镇，进一步开发少数民族康养健身旅游、科普旅游资源等。而在罗霄山片区要注重生态康养产业和红色文化旅游的发展。二是大力发展特色生态农业。加强对现有林木资源的管理和保护，大力开展植树造林、封山育林、退耕还林，提高贫困地区森林覆盖率和林业经济效率。并大力发展各种特色农业，如生态农业、休闲农业以及观光农业等。要引导农户瞄准市场，结合各贫困地区的优势，大力发展优质特色生态农产品，提高农产品的市场竞争力。[①] 三是要制定优

---

① 邵佳：《武陵山片区（湖南地区）生态扶贫问题探析》，《柳州师专学报》2015年第3期。

惠政策，激励社会资本在贫困地区投资建厂帮助农民积极推动生态农业的产业化发展，采取"公司＋基地＋贫困户""公司＋贫困户"等多种经营方式，大力发展生态农业。四是要加大生态环保知识的宣传和普及力度，引导贫困地区农民树立资源节约、清洁生产、环境保护的生态文明意识，为贫困地区推行生态扶贫奠定坚实的思想基础。

（三）加强贫困地区绿色产业发展技术支持

大力支持绿色龙头企业技术创新，对于生态产业扶贫意义重大，有利于发挥绿色龙头企业在生态扶贫中的关键作用。面对技术、品牌等造成的绿色企业竞争力不足的现象，贫困地区地方政府应该采取多种措施。一是要加大绿色龙头企业的资金支持。设立绿色龙头企业扶持专项资金，大力支持绿色龙头企业上市，加大金融机构对企业的信贷支持力度，为有发展前途的龙头企业争取到更多的低息贷款。二要提升农技部门科技服务水平，为农林龙头企业提供优良的农产品原材料，以提高产品档次，增强竞争力。三是要鼓励企业与高校、科研机构等积极合作，共同研发新技术，推进绿色科技创新，引进先进加工设备，实现发展动力上的跨越。四是要加大生态产业技术人才培养力度。加强与农业院校、科研机构等人才培养的合作，不断提高待遇，吸引农业科技人员到贫困地区从事生态农林产业开发，为农民提供生态种养技术指导。同时，还可以组织生态产业扶贫学习培训班，因地制宜采取学校深造、学术交流、考察学习等形式，开展多种行之有效的教育培训活动。招录一批农产品栽培、加工等专业技能强的年轻人才，优化基层部门年龄结构，充实基层农技部门。同时，要加强对贫困户农民的绿色科技教育，争取为绿色龙头企业发展培养一批熟悉生态产业技术的工人队伍。[①]

（四）建立健全贫困地区的生态补偿机制

目前，全国还没有形成统一、规范的生态补偿管理体系，也缺乏科学的生态补偿收费标准，使用上缺乏有效的监督，难以达到应有的效果。我国的生态补偿渠道单一，市场化的补偿机制还未形成。生态补偿机制主要是政府主导的对生态环境保护、建设者的财政转移补偿机制，以流域生态补偿为例，主要通过公共财政支付和行政手段等直接对生态建设进行自上而下的纵向补偿。补偿资金来源基本是排污收费、征收的生态补偿费及财政专项拨款。[②] 贫困地区要从加强跨区域生态环境建设，完善补偿方式，建立有利于生态补偿的税费制度、保障制度等方面逐步完善生态补偿机制，从实际出发积极探索省域内碳排放交易权试点工作，运用市场机制实现省域内生态环境资源的优化配置，提高资源使用效率。一是贫困地区为生态环境保护做出了巨大贡献，经济发达地区要加大对贫困地区生态补偿转移支付。二是要加大贫困地区生态保护修复力度，通过建立健全生态补偿机制，增设生态公益岗位，探索生态脱贫新路子，使贫困人口通过参与生态保护增加收入。三是要建立市场化补偿机制。要按照"谁污染、谁治理，谁破坏、谁恢复，谁受益、谁补偿"的原则，明确生态补偿的责任、范围与标准，建立横向的市场化生态补偿机制。

---

① 何家慧：《绿色贫困理论视角下的湖北省房县生态产业扶贫问题研究》，湖北大学硕士学位论文，2017。
② 邵佳：《武陵山片区（湖南地区）生态扶贫问题探析》，《柳州师专学报》2015 年第 3 期。

第九章　兜底脱贫效果与政策举措

随着湖南省脱贫攻坚进入攻坚期，兜底扶贫对于实现如期脱贫和全面小康意义重大。近些年来，在国家的大力支持下，湖南省兜底扶贫工作取得较明显成效，但仍存在部门协调配合机制不完善、基层工作力量薄弱、宣传不到位、医疗救助资金缺口大等问题。要针对这些问题，从精准施策、完善政策机制等方面来稳步推进兜底扶贫再上新台阶。

一　湖南兜底扶贫现状

湖南省委、省政府高度重视兜底保障脱贫攻坚状况，始终坚持以人民为中心的发展思想，保障兜底对象如期稳定脱贫。近年来，湖南各地按照省委、省政府要求，下大力气补短板、强弱项，织密民生保障网。兜底保障困难群众享有了更多的获得感、幸福感和安全感，但仍存在一些问题亟须解决。

（一）保障兜底扶贫成效

1. 一系列保障支持政策出台

近些年，在国家兜底保障政策的指引下，湖南省积极推进保障兜底脱贫，整合各方救助资源，消除政策碎片化倾向，把政策"红利"打捆到兜底保障对象身上，出台了一系列兜底保障政策（见表 9 - 1）。全省各市（县、区）将兜底保障对象全部纳入基本医疗保障、重特大疾病医疗救助范围，资助参保资金由当地财政和医疗救助基金各负担 50%，通过提高重特大疾病医疗救助标准，确保兜底保障对象患病住院医疗费用经各种保险报销后，其政策范围内的自付费用医疗救助比例达到 70%。打通医疗救助与大病保险制度壁垒，大病保险对兜底保障对象等贫困人口补偿起付线降低 50%。2017 年，将农村低保指导标准由 2640 元/年提高到 3026 元/年，实现"两线合一"；完善医疗救助体系，建立农村建档立卡贫困人口医疗救助基金，开展大病住院医疗救助和特殊病种门诊就诊，优先在 11 个深度贫困县试点，切实减轻困难群众医疗负担。这一系列有利政策促进了湖南省兜底脱贫。

表 9 - 1　湖南省兜底保障政策

序号	类别	政策内容
1	两线合一	2016 年将农村低保标准提高至 260 元/月，2017 年实现农村低保线与扶贫线"两线合一"。①对纳入社会保障兜底脱贫的农村扶贫低保对象，按农村低保标准全额发放低保金；②对未纳入社会保障兜底脱贫的农村低保对象，按农村低保标准与家庭月人均收入之间的差额发放低保金；③对农村特困人员（原五保对象），原则上按照当地农村低保标准 1.3 倍发放基本生活保障金
2	高龄老人津补贴	鼓励各地政府为 65~99 岁老年人发放高龄津补贴，具体标准由县定
3	百岁老人保健补贴	不低于 200 元/月
4	基本养老服务补贴	为 65 岁以上失能、半失能贫困老年人提供基本养老服务，补贴标准不得低于 20 元/月

序号	类别	政策内容
5	意外伤害保险	鼓励各地政府为农村"五保"老人、重点优抚对象、失独老人等特困老年人群购买老年人意外伤害保险，其他社会老年人群自愿购买
6	孤儿基本生活补贴	散居：600元/月，集中供养：1000元/月
7	残疾人保障	①困难残疾人生活补贴：最低50元/（人·月）。②重度残疾人护理补贴：最低50元/（人·月）。③重度残疾人基本养老保险：政府代缴。④残疾人机动轮椅车燃油补贴：260元/（人·年）。⑤贫困重度残疾人家庭无障碍改造：中央3500元/户，省本级1500元/户
8	临时救助	突发性、紧迫性、临时性原因导致基本生活暂时出现严重困难的家庭或个人，由县级以上地方人民政府根据实际，参照最低生活标准救助，保障阶段性基本生活
9	移民后扶	大中型水库农村移民补助600元/（人·年）（按季度一卡通发放）
10	工会救助	对已建档立卡，由于家庭人均收入低于当地最低生活保障水平，或遭受突发事件、意外灾害、其他特殊情况导致生活特别困难的职工、农民工，给予一定的生活补助。具体金额根据各市州的实际情况而定

2. 兜底保障体系不断完善

一是生活保障标准逐步提高。兜底对象按照农村低保标准全额发放低保金。2017年湖南省农村低保指导标准由2640元/年提高到3026元/年，提高了386元，提高了14.6%；湖南全省14个市（州）均已达到或超过指导标准，全面实现了农村低保标准和扶贫标准"两线合一"。对于特困人员，2016年集中供养标准和分散供养标准分别为6724元/年和3710元/年，同比分别提高7%和9%，2017年救助标准调整为基本生活标准和照料护理标准，其中，基本生活标准不低于农村低保标准的1.3倍，照料护理标准分为全

自理、半护理、全护理三档，不低于当地上年度工资标准的 1/
10、1/6 和 1/3。二是医疗保障不断增加。提供资助参保、门诊救
助、住院救助等保障。对于保障对象，基本医疗保险个人缴费部
分给予定额补贴，门诊和县级以上住院费用报销比例提高 10%，
大病保险补偿起付线降低 50%；在县乡级定点医疗机构、政策范
围内的自负费用，救助限额内按不低于 70% 的比例救助。对于特
困人员，基本医疗保险个人缴费部分给予全额补贴，门诊和县级
以上住院费用报销比例提高 10%，大病保险补偿起付线降低
50%；在县乡级定点医疗机构、政策范围内的自负费用按 100%
的比例救助。30.2 万名重度残疾人的城乡居民养老保险费由政府
全额代缴，17.9 万名困难残疾人得到了各种形式的多渠道救助。
截至 2017 年 3 月底，湖南省大病保险补偿达到人均 6309 元，较
上年增加了 700 元左右。2016 年湖南省医疗救助人次均救助费用
达到 1263 元。残疾人保障 2016 年起分困难残疾人生活补贴和重
度残疾人护理补贴，补贴标准均不低于 50 元/（人·月）（纳入特
困人员救助供养范围的残疾人，不再享受残疾人两项补贴）。兜
底对象享受基本养老服务补贴，特困人员除享受基本养老服务补
贴外，还享受政府代缴最低档次养老保险的保费等政策。临时救
助力度加大，2016 年全省人均次救助金额近 900 元，同比增长
27.6%。三是保障设施不断完善。截至 2016 年全省建有公办福利
院 121 家、床位 22523 张；儿童福利院 98 家（其中 12 家在建）、
床位 7000 余张。

3. 兜底保障资金投入力度加大

总体来看，近些年财政对兜底保障的投入力度不断加大。2016
年，主要惠及兜底对象特困供养、医疗救助、临时救助资金的各级
财政投入总额同比分别增长 4%、2.3%、8.1%。2013 年以来，湖

南省5年累计发放社会救助资金567.1亿多元，相比2013年，城乡低保标准分别提高到440元/月、285元/月，分别增长27.5%、65.7%。特困人员救助供养标准由原来的集中和分散供养标准调整为基本生活标准和照料护理标准，分别不低于6552元/年和3934元/年，比2013年分别提高58.3%和56.7%。2016年，全省有102个县（市、区）（含开发区、管理区）农村低保标准低于国家扶贫标准。2017年，省委常委会议和省政府常务会议研究通过农村低保提标方案，省级农村低保指导标准由2016年的2640元/年提高到3026元/年。截至2017年底，全省农村低保标准平均已达3581元/年，14个市（州）农村低保标准已全部达到省里指导标准，10个市（州）高于省级指导标准，实现了农村低保标准不低于国家扶贫标准的目标，社会保障兜底对象月人均补助268元，比2016年增长21.8%。各级财政部门优化财政支出结构，盘活财政存量资金，推进资金统筹使用，确保了兜底保障资金需求和及时足额拨付。低保金不断增加，例如，湘潭市雨湖区鹤岭镇长安村兜底保障扶贫对象吴某在接受采访时说，"2017年低保金涨了1倍，现在我和女儿两个人每月能领到920元低保金"，脱贫底气更足。

4. 兜底保障措施不断得到加强

社会保障兜底扶贫工作深入推进。2016年，湖南省在新田县、凤凰县和衡阳市等地开展社会保障兜底脱贫对象认定试点，在此基础上，2016年8月出台了《关于社会保障兜底脱贫对象认定工作方案》，建立联合认定机制，制定认定标准和程序，在全省开展兜底扶贫对象精准认定工作。2017年，省民政厅联合省扶贫、财政、残联等部门出台了《湖南省农村低保制度与扶贫开发政策有效衔接工作实施方案》《湖南省"社会保障兜底一批"脱贫工作实施方案》《关于将整户低保户录入扶贫开发信息系统的通知》等政策文件，做好顶层设计，实现低保制度与扶贫开发政策在政策、标准、对象、信息等方面的有效衔接。2017 年 4 月，召开全省农村低保和社会保障兜底脱贫对象认定清理整顿工作电视电话会议，出台《湖南省农村低保和社会保障兜底脱贫对象认定清理整顿工作方案》，强力推进清理整改工作。清理整顿过程中，县级民政部门入户抽查率均达到 30% 以上，各乡镇做到入户调查 100%，民主评议 100%，公开公示 100%；对重新申请低保家庭，做到家庭经济收入核查 100%，实现应保尽保、动态管理。清理整顿以后，全省共有兜底保障对象 24.7 万人。清理整顿工作还层层传导了全面从严治党的压力，增强了群众在基层社会治理中的知情权、表达权、参与权和监督权，其重大影响更为深远。清理前，湖南省部分农村低保对象与建档立卡贫困户两类对象重合率比较低。2017 年开展清理整顿工作时，在建档立卡、享有扶贫开发政策的贫困户中，把符合农村低保条件的纳入低保范围，确保兜底保障家庭人均收入不低于国家扶贫标准；对享有农村低保政策的贫困户，符合扶贫开发条件的纳入建档立卡范围，使之能按扶贫开发政策受到帮扶。通过有效衔接，现在全省农村低保与建档立卡贫困户两类对象平均重合率达 77% 以上。全省还普遍推开了临时救助、慈善救助、"扶贫特惠保"、社会爱心力量帮扶等制度，救助能力正一步步增强。例如，双峰县杏子铺镇一村兜底保障对象某高三学生 2017 年 3 月突发病毒性脑膜炎被送进医院，村支两委负责人立即向县民政局提出救助申请，县民政局按救急程序为其解决了 4 万元大病医疗救助金，同时协调县慈善志愿者协会、县七中团委等，组织专项募捐活动，募集资金 10 万余元，最终得到及时救治。

（二）兜底保障脱贫的主要问题

1. 兜底保障政策措施有待完善

一是兜底保障标准欠科学。以低保为例，根据《社会救助暂行办法》，只有家庭人均收入低于低保标准的才能享受低保，而不是基于家庭的实际情况，且人均收入标准也难以合理估算。一些存在重病、慢病、残疾等部分或完全丧失劳动能力情况的建档立卡贫困户的人均收入超过了当地低保标准，这些人员就难以单独纳入低保，也就无法通过兜底政策受到保障。兜底保障政策的边界也比较模糊，尤其是适用低保政策还是特困供养政策，目前规定不清楚。根据《国务院关于进一步健全特困人员救助供养制度的意见》（国发〔2016〕14号），凡无劳动能力、无生活来源、无法定赡养、扶养、抚养义务人或者其法定义务人无履行义务能力的城乡老年人、残疾人以及未满16周岁的未成年人，均可申请特困救助供养。在兜底保障实施过程中，有些地方只给予部分人员兜底保障，对另一些符合条件人员则没有给予保障。[①] 二是一些基层干部把握和执行政策的水平不够。农村兜底对象审核审批不严格，存在人为划线、分配指标等现象，有些地方甚至存在优亲厚友、盘剥克扣、虚报冒领等违规违法行为。有的地方在政策理解上存在偏差，将一些只是暂时性困难家庭也纳入了兜底保障范围，或将本应纳入特困供养的贫困重残人员以单人户的形式认定为兜底保障对象。个别地区甚至搞土政策，享受低保政策就不再认定为贫困户，认定为贫困户就不享受低保扶持，导致一些符合条件的贫困人口未纳入农村低保、符合条件的农村低保对象未

---

① 刘喜堂：《切实做好社会救助兜底保障》，《中国民政》2018年第15期。

纳入建档立卡信息系统。三是核对家庭收入信息的机制不完善。一方面，在实际操作中，农民人均可支配收入指标因涉及的项目繁多、计算繁杂和地域差异而难以精准确定，尤其是湖南省外出务工的农村人口比例较高，部分基层干部对于务工收入的核算存在分歧；扶贫部门与民政部门的信息核对口径和程序不统一，导致核对结果有出入。另一方面，核对手段相对单一，目前主要靠走村入户调查询问，虽然居民家庭经济状况核对平台已提供户籍、车辆等 10 类信息查询功能，但农村家庭收入来源多样，收入难以衡量，而国土、住建、银行等部门关键信息未联网共享，且出于保密性考虑部分地区银行部门只提供户头数量、不提供存款数额，以至家庭财产难以准确查证。

2. 兜底保障能力难以满足实际需要

一是医疗救助金缺口较大。湖南省对贫困人口提供基本医保、大病保险和医疗救助相衔接的"三重医疗保障"，但一些贫困家庭仍难以承担起数千元至数万元不等的自负医疗费用，在调研中也发现，因病致贫、返贫的比例仍较高。由于贫困地区在医疗资金投入上压力大，部分政策难以落实。从医保方面看，湖南省已采取提高住院费用报销比例、降低大病保险补偿起付线等举措，加之医保缴费标准提高快、筹资压力较大，在保证基金收支平衡的前提下，未来政策优惠的空间有限，难以达到实际报销比例为 90% 的要求。从医疗救助方面看，2016 年湖南省筹集资金13.4 亿元，而据省人社厅测算，如严格落实现行救助政策，资金需求高达 30 亿元；考虑到未来各项救助的进一步提标扩面，资金会更加紧张；此外，医疗救助资金地方配套无明确规定，导致部分市（县）主要依靠中央和省两级财政的转移支付，配套严重不足，医疗救助政策难以全面落实。从投入来源看，特困供养、医疗救助、临时救助等资金中央转移支付与地方配套的占比较大，省级投入不足，尤其是医疗救助资金，2016 年湖南省级投入占比仅为 6.7%。二是基层力量不足。民政、人社、残联等部门反映基层在机构设置、人员配备、工作经费等方面存在困难。例如，乡镇按每万人配备 1 名民政干部的要求一直没有落实；目前，全省乡镇基本只有 1~2 名民政助理员，且由乡镇直管、身兼数职，难以满足实际工作需要。三是政策宣传不够。卞鹰、唐宇文等的调研发现，一方面，部分兜底对象不清楚自己应该享受和已经享受了哪些保障政策；另一方面，省、市、县各级相关部门有部分工作人员表示，医疗救助政策目前还有很多人不清楚，且认为迫于资金压力，不能广泛宣传兜底保障的部分政策。[①]

3. 职能部门之间协调机制不畅

目前，参与兜底扶贫的相关职能部门为了本部门的利益仍存在各自为政现象，甚至相互之间埋怨，缺乏有效的沟通协调，无法实现有效对接。一是统筹协调机制滞后。省内同为脱贫攻坚"五个一批"的易地搬迁扶贫、教育扶贫、产业扶贫等已出台相关规划或推进路径。省民政、扶贫等部门虽联合出台了社会保障兜底工作方案、低保与扶贫政策衔接方案等，但推动资金统筹、政策对接的能力有限，协调机制不健全问题比较突出。二是信息孤岛问题突出，信息共享机制严重滞后。湖南省社会保障兜底相关职能部门的信息基本是本系统内使用，横向部门间的信息共享交换机制严重滞后。扶贫和民政实现了信息共享，但由于缺乏统一的数据交换平台，仅实现了手动的信息对接，制约了信息的时

[①]　卞鹰、唐宇文等：《湖南省兜底扶贫的现状、问题及对策建议》，湖南智库网，2017 年 10 月 18 日。

效性。人社与扶贫部门信息的手动对接也未实现，导致相关部门不能及时、准确地掌握贫困人口信息，致使建档立卡贫困人口全部纳入医疗救助范围的政策难以全面有效落地，政府代缴养老保险保费的政策也没有全部覆盖建档立卡贫困人员。[①]

二 建立健全兜底脱贫的政策建议

兜底保障是国家实施精准扶贫的重要手段之一，在保障贫困人口的基本生存和生活需求方面发挥着不可替代的作用。在实施兜底脱贫过程中，要在充分考虑湖南农村贫困地区发展状况以及贫困人口具体实际需求的基础上，进一步完善兜底对象精准识别机制，形成兜底保障脱贫的合力，完善兜底保障的协调机制等。

（一）进一步完善兜底对象精准识别机制

一是建立严格的精准兜底对象标准。探索建立明确的兜底保障对象认定标准，规定不能纳入兜底保障的具体情形。编制低保、兜底对象认定过程典型问题与案例的手册，加强基层相关职能部门人员政策执行能力的培训，杜绝违规操作现象。妥善处置"政策保""人情保""拆户保"等特殊群体。"政策保"群体，先保障再清退，确保工作平稳开展。对于失地农民、移民等群体，建议征地单位提取一定比例的土地出让收入、适当提高征地补偿标准，同时落实好就业技能培训补贴、养老保险保费代缴等政策，将符合条件的纳入产业帮扶项目范围。"人情保"群体要坚决清退，工

---

① 卞鹰、唐宇文等：《湖南省兜底扶贫的现状、问题及对策建议》，湖南智库网，2017年10月18日。

作落实不到位的，要严肃追责。"拆护保"群体，建议联合公安等部门进行户籍核实与清理，探索建立跨区域协调机制，确保应保尽保、应退尽退。二是规范兜底对象的识别过程。一方面，建议扶贫、民政、统计等部门联合制定湖南省农村贫困家庭收入计算评估指导意见，统一对象认定的收入标准和方法，对务工收入依据区域、行业等因素制定省级指导标准。另一方面，拓宽省级居民家庭经济状况核对信息平台的数据共享范围，在已实现10类数据共享的基础上，加强与人社、国土、银行等部门的对接，实现居民保费缴纳、不动产、存款等重要信息的核对，破解识别对象存款查询难的问题。此外，要进一步规范审批审核，确保初审入户调查比例100%，复审入户调查比例不低于30%；规范民主评议程序，在全省推广民主评议"打分制"。三是公开兜底对象的识别结果。充分利用现代信息技术，创新信息公开方式，拓展信息公开内容，将兜底对象的相关信息在乡、村两级公开，并公开反馈和举报渠道，公开向省市监督举报网络、电话等渠道，大力实施"互联网＋社会监督"模式，汇集全省兜底扶贫各部门数据资源，在互联网最大限度公开兜底保障对象的相关信息，接受全社会的监督。[①]

（二）形成兜底保障脱贫的合力

一是继续发挥政府的主导作用。不断加大政府的政策支持力度。增加财政资金对兜底保障的投入，加大对兜底保障对象的支持力度，对深度贫困地区的兜底扶贫实行政策倾斜，同时充分考

---

① 卞鹰、唐宇文等：《湖南省兜底扶贫的现状、问题及对策建议》，湖南智库网，2017年10月18日。

虑物价上涨、地方经济发展等因素，制定中央和省级财政对兜底保障标准的动态增长机制。同时，要拓宽对兜底保障对象个人缴费全额资助范围，实现对于低保人员、特困供养人员、贫困人口等资助的全覆盖；细化分类施保的标准与规则，对特殊困难群体适当增发低保金。此外，梳理各项社保政策、做好衔接，例如，对于养老保险，进一步明确政府代缴保费群体与代缴标准，首先将特困人员、兜底对象缴费全部由政府出资缴纳，再逐步向建档立卡贫困人口放开。二是引导社会力量积极参与。目前兜底扶贫工作甚至精准扶贫工作是政府唱主角，社会力量参与明显不够，给地方政府兜底脱贫带来了巨大压力。在政府引导下，应广泛动员企业、返乡企业家、志愿者、专业组织等参与兜底脱贫；充分借助各种媒体，加大对社会力量参与兜底保障善举的宣传力度，鼓励社会力量参与对兜底对象的援助，减轻地方政府的压力，发挥政府与社会的协同效应。同时，要加大社会宣传力度。可以通过广播电视、宣传栏、宣传册子、驻村干部宣传、短信通知等形式，充分调动一切可利用的力量对兜底脱贫的相关政策、标准和申请程序进行广泛宣传，做到兜底保障政策家喻户晓、人人明白。三是要不断充实基层力量。根据县级及以下民政、人社、扶贫等部门的实际需要，在整合现有相关人员、设备等经办资源的基础上，可以适当增加编制人员，同时探索建立社会服务"微中心"试点，可以鼓励大学生村官积极投身脱贫攻坚事业，推进工作重心下沉。

（三）完善兜底保障的协调机制

一是要出台省级层面兜底脱贫部门协调的实施方案。健全政府牵头、兜底保障政策实施相关部门参与的联席会议制度，加强与各部门的协作，完善兜底扶贫相关部门的衔接协调对接机制。扶贫部门和民政部门要充分利用网络平台实现信息共享、平台对接。同时兜底对象的多样性、兜底方式的综合性都要求完善部门联动帮扶机制，形成兜底保障工作的合力。二是加强扶贫制度的衔接。兜底扶贫制度和精准扶贫体系中其他制度存在替代关系，并且有一小部分项目存在交叉关系。[①] 要实现兜底扶贫系统内各制度的有效衔接，必须加强兜底扶贫与产业扶贫、易地搬迁、生态扶贫、健康扶贫、金融扶贫等扶贫方式的衔接。实现各种扶贫内部的相互转换，形成一个良性互动的扶贫体系。三是加强兜底保障相关职能部门间的信息联通。切实提高兜底保障脱贫相关部门的信息化水平。建立健全扶贫、民政、人社等相关部门的信息交流与会商机制，加强其信息化建设，完善信息系统设施，各相关部门配备专门的兜底脱贫信息交流人员，加强信息沟通，增加兜底扶贫相关部门内部信息台账开放的频次，及时传递信息。同时，充分利用现有全省电子政务外网、数据交换平台、网上政务系统等公共网络设施和平台，推动扶贫相关部门的业务系统与公共网络平台、应用系统的有效对接，打通部门之间信息阻隔，实现相关部门间信息的共建共享。

---

① 张明锁、王灿灿：《兜底扶贫制度的运行现状、价值取向与优化路径》，《社会政策研究》2018 年第 1 期。

第十章　社会力量参与脱贫的
效果与模式创新

社会力量是有效沟通政府与农村社区的桥梁，凭借其身份、技术、资源等优势，能够更好地打通市场、政府、农村社区及农户等各个环节。而社会扶贫的重要性在于能启动一种良性循环，即辅助落后地区在关键产业的投资，从而提高其生产力，由此产生的更高收入会带来更多投资，收益将呈螺旋式上升。但目前湖南扶贫仍然是由省政府主导，社会扶贫力度依然偏小，难以实现扶贫的可持续和效果的巩固。根据湖南目前社会扶贫的实际状况，分析存在的问题及其原因，有针对性地充分调动社会力量，加大贫困地区社会扶贫力度。推动贫困地区由政府主导的"输血式扶贫"向有社会力量参与的"造血式扶贫"转变，是解决贫困地区贫困问题的根本出路。

一　湖南社会扶贫现状

通过不断完善优势互补、互利共赢的社会扶贫帮扶机制，狠抓"中国社会扶贫网"试点上线工作，深入推进"万企帮万村"，湖南省已基本形成党政机关定点帮扶、中直单位定点扶贫、公司企业共建扶贫、社会慈善救助的社会扶贫新格局，显现巨大的活力和潜力。扶贫攻坚是一项浩大的民生工程，扶贫攻坚工作靠政府唱"独角戏"难以持续，社会力量的大量介入必不可少。近些年，在政府扶贫政策的引导和激励下，社会力量积极介入脱贫攻坚工作，取得良好效果。例如，湖南省平江县通过政府扶持、社会捐助创立了扶贫助困慈善基金，建立扶贫助困网、微信公众号、手机 APP 三个开放式网络平台，开辟了直接结对、直接捐款、直接联系的"扶贫助困直通车"。截至 2017 年底，该基金已吸引 16 个县内行业、12 个异地商会、27 家爱心团体、200 余家县内外企业 2 万多人参与扶贫助困，共募集基金 7000 多万元，基金的初始本金达到 1.03 亿元。每年基金产生的利息结对直接帮扶贫困户，2017 年帮扶 3000 户，产生了良好的效果。

（一）湖南省社会扶贫成效

1. 党政机关定点帮扶面宽、量大

2017 年，向贫困人口在 100 人以上的非贫困村派驻工作队 11215 支；优先选派优秀后备干部担任驻村工作队员；明确每名干部结对帮扶贫困户不能超过 5 户，动员"两代表一委员"参与结对帮扶活动，增加帮扶责任人 81310 人，实现驻村帮扶和结对帮扶"两个全覆盖"。截至 2016 年底，63 万名党员干部结对帮扶 187.3 万户贫困对象，省、市、县、乡派出工作队深入 8000 个贫困村（并村后 6923 个）开展帮扶，实现"两个全覆盖"。同时，组织省辖 7 市对口帮扶湘西自治州 7 县，每年投入近 2 亿元；4 个全国经济百强县与 4 个贫困县开展携手奔小康行动，启动实施了一大批项目。

2. 中直单位定点扶贫扎实有力

自 1994 年党中央、国务院实施中央机关单位定点扶贫以来，农业部、财政部、国土资源部、商务部、中石化、光大集团、中铁总公司、五矿集团、中远集团、湖南大学、中南大学等 14 家中直单位，先后在湖南省贫困县开展定点扶贫。2016～2017 年，14 家中直单位累计直接投入资金 4 亿元，帮助引进资金 9 亿元，帮助引进项目 400 多个；组织劳务输出 10 万多人次，极大地促进了当地经济社会的发展，加快了贫困农民脱贫致富步伐。

3. 企业共建扶贫互利共赢

开展社会扶贫"三个万"工程（"万企帮万村"工程、万名学生"一家一"助学就业同心温暖工程、万名贫困眼疾患者光明工程）以来，截至 2017 年 6 月底，湖南省共有 1483 家民营企业和商会，对接 1883 个贫困村，实施项目 3056 个，帮扶贫困人口 27.3 万人。通过村企共建模式，组织企业到贫困村兴建基地、联办企业，不仅提高了贫困村产业发展的水平，直接带动贫困人口增收，而且也为企业发展提供了新的增长点。

4. 社会慈善救助良风蔚然兴起

2016～2017 年，湖南省社会各界通过省慈善总会广泛参与安老、扶幼、助学、济困、救灾等慈善活动，累计捐赠款物超 10 亿元，受益困难群众超过 20 万人次。以社会扶贫网在湖南省上线试点为契机，搭建捐赠者与受捐者双向互动、有效对接的工作平台。截至 2017 年 6 月，试点 3 市的爱心人士和贫困户注册数量分别达 17.65 万余人、6.12 万余户，贫困需求对接成功率达 47.50%，爱心捐赠对接成功率达 50.04%。株洲市通过做实"一张网"这个载体、用活"一个联盟"这个抓手、强化"一支基金"这个支撑，实现了中国社会扶贫网全覆盖、爱心力量全动员、产业扶贫全带动

"三大目标"，开创了扶贫的生动实践；启动全省万家社会组织进千村联万户"万千万"活动，结对帮扶困难群众1.3万户，为每户贫困户帮扶款物2000元以上；启动了"我想有个家"安居工程公益募捐活动，通过众筹募集资金近1300万元，帮助1100余建档立卡无房户、D级危房户实现了"安居梦"。

5. 济南市对口帮扶湘西州成绩斐然

2016年10月，中央确定济南市与湘西州结成东西部扶贫协作对子。根据中央有关安排，湖南省湘西州和山东省济南市双方共同编制了扶贫协作规划，签订了"1+7+11"扶贫协作框架协议，明确了资金支持、帮扶重点、对接机制等重要内容。在构建协作机制、加强产业合作、强化人才支援、落实帮扶资金等方面，加强对接、密切协作，各项工作进展有序，取得了明显成效。2017年，济南市和所辖区两级财政在湘西州共安排援助资金8200余万元，双方派出17名干部交流挂职，启动26个产业合作项目。

6. "互联网＋"社会扶贫快速推进

近几年来，湖南省各地充分借助中国社会扶贫网，大力推进本地社会扶贫网与国家社会扶贫网的对接，不仅搭建起了贫困户与社会帮扶主体沟通的桥梁，而且为贫困户销售农产品提供了方便的渠道，充分动员全社会力量参与到脱贫攻坚中来，取得了良好效果，帮助一批贫困户实现脱贫致富。例如，永州市的江永县紧紧抓住中国社会扶贫网上线试点的机遇，大胆探索，锐意创新，形成了"一网统领、两线并行、三级联动、四员助力、五台同唱"的"12345"试点工作模式。该县全部建档立卡贫困户注册成为中国社会扶贫网用户，居全国第一。爱心人士注册对接贫困户需求成功率居全国第一。截至2018年5月，江永县共发布贫困户需求信息 84596 条，成功对接 48823 条，正在对接中的 573 条；发起爱心捐赠 14928 例，成功对接 14064 例。精心组织实施的"百个企业联百村，千名企业家结千户，万名爱心人士帮万人"行动，共 115 家企业、1019 名企业主及 10283 名国内外爱心人士、侨商侨领，捐资捐物或解决就业岗位价值 1.7 亿元，使许多贫困户受益，为一些贫困户可持续发展创造了巨大动力。

（二）湖南省社会扶贫的主要问题及其原因

1. 湖南省社会扶贫的主要问题

改革开放以来的扶贫实践中，湖南省社会扶贫观念不断增强，初步形成了社会扶贫的新格局，社会扶贫的成效不断凸显，社会扶贫在脱贫攻坚中发挥着日益重要的作用。但社会扶贫依然处于探索发展阶段，新时期仍存在一些与发展不相适应的问题。

（1）帮扶单位自身拥有的资源不均衡。从单位定点帮扶实际情况来看，一些拥有资源较多的帮扶单位财力、物力充足，往往会更受被帮扶所在地政府和村庄的欢迎，也能够带去更多的资源，帮扶力度大，不仅可以带去更多的项目，还能筹集到更多的钱和物，脱贫工作成效更明显，被这些单位帮扶的村庄往往能更好更快地脱贫，对后续发展也更有保障。而有的帮扶单位可能自身资源的不足，人、财、物力缺乏，不仅在项目支持上难度大，能带去的钱和物往往也比较有限。虽然这些帮扶单位也积极开展帮扶工作，但帮扶所在地政府和村庄往往不太重视，要争取点资源更困难，工作开展难度更大，工作成效也就不明显，导致帮扶的覆盖面比较窄，难以解决所帮扶贫困村的长远发展问题。因此，帮扶单位资源的不均衡不仅会导致不同被帮扶村庄享受的福利待遇不一样，可能连脱贫的质量也不一样，制约了贫困村的均衡发展。

（2）社会扶贫主体参与度不高。社会力量对于贫困地区脱贫摘帽意义重大，工作要比政府在扶贫中做得更细，能更好地控制成本。目前，湖南省合作组织发展规模较小、起点较低，而且在非政府组织中官办色彩浓厚，大部分合作组织有政府背景，定位于扶贫的合作组织更少；而民营企业和社会公众对扶贫开发理解不深、认识不够、参与意识较低；非政府组织、民营企业和社会公众参与社会扶贫的氛围不浓厚、渠道不畅、不具有专业知识。[①]部分民营企业，个体工商老板的社会责任感不强，没有主动参与社会扶贫的意识，特别是对扶持贫困户发展经济、发展产业兴趣不浓，有的企业虽然热心公益事业，却忽视了支持农户发展、增强造血功能这一重要内容。总体来看，在湖南省社会力量扶贫的参与度不高。

（3）贫困户内生发展动力不足。一是多数贫困人口文化素质低、思想观念陈旧落后，依然停留在自给自足的自然经济时期，安于现状，没有发展动力。调查显示，农民受教育水平与经济收入呈正相关关系，贫困村的农民整体上受教育水平低于非贫困村农民。中国农村扶贫调查数据显示，在贫困村中，受教育水平在小学及以下学历的农户占51.3%；初中文化水平的占38%；高中教育水平的9.3%；接受大专及其以上水平教育的占1.4%。而在非贫困村中，受教育水平为小学及以下、初中、高中、大专及以上的比重则依次为44.3%、39.9%、13.9%、1.9%。[②]很明显，非贫困村教育水平要高于贫困村，贫困村低学历人口更多。在我们的调研中

[①] 张瑞宇：《甘肃省社会扶贫研究》，西北师范大学硕士学位论文，2016。

[②] 徐勇、邓大才：《反贫困在行动：中国农村扶贫调查与实践》，中国社会科学出版社，2015，第63页。

也了解到，贫困家庭不堪重负，为了减轻家里负担，许多贫困家庭小孩甚至初中没毕业就出去打工了。即使现在政府免费为一些贫困家庭提供技能培训，甚至安排工作，但愿意接受培训的学生依然很少，主要是一些家长及其孩子认为，培训的机会成本较高，培训出来依然是干苦力活，得不偿失。二是部分贫困户"等、靠、要"依赖思想严重。贫困原因除了不可控因素外，主要还是自身不想脱贫的问题。在大力推进产业扶贫、结对帮扶工作等过程中，一些有劳动能力的贫困户习惯于政府和社会的帮扶、工作积极性较低等，产生了干部"热"、群众"冷"的现象。在镇、村、帮扶干部上门走访时，如果没有带钱带物，一些贫困户经常采取不见面、不搭理等方式来应对帮扶干部。一些贫困户不仅不劳动，甚至拿着扶贫款打牌赌博。也有些装穷装病，坐等政策来帮扶。随着近些年国家大力实施脱贫攻坚工程，强力推进各项扶贫政策的落实，部分"等、靠、要"的贫困户获得政策红利，一些群众看到其享受到扶贫政策红利后，相互攀比，想方设法争取成为贫困对象，甚至不惜上访。通过我们对 A 县 10 个贫困村的调研发现，目前的扶贫优惠政策给老百姓的思想价值观产生了些负面影响，存在政策免费给予养懒人，有些扶贫政策得不到群众认同的现象。随着精准扶贫政策的发力，各种政策叠加，客观上刺激了非贫困户"红眼病"，使老百姓互相攀比以享受扶贫优惠政策，争当贫困户，扶贫领域的信访事件开始增多。从调查情况看，将近一半的贫困村有因扶贫上访的苗头，部分村已经有上访的案例，主要集中在贫困户精准识别、危房改造等方面。同时，一些贫困户存在不愿意脱贫、懒脱贫，达到脱贫标准之后不愿意签字确认脱贫，需要干部做大量工作，在一定程度上抑制了脱贫摘帽的进程。

2. 社会扶贫存在问题的主要原因

（1）社会扶贫意识和宣传不够。一是社会扶贫概念的界定不明晰。从官方语言体系来看，社会扶贫是指动员和组织社会各方面力量参与扶贫开发，包括定点扶贫、东西扶贫协作、军队和武警部队参与扶贫等，但定点扶贫、东西扶贫协作、军队和武警部队参与扶贫的主体不是真正意义上的社会扶贫，更多的是一种带有强制性的官方扶贫，社会扶贫更应该强调扶贫主体的社会性、扶贫资源的社会性和组织方式的社会性，主要应由非官方的私营企业、合作组织、个人志愿者等承担。二是参与扶贫的社会自觉意识尚未形成。湖南省不仅非政府组织数量少、质量不高，大多社会公众没有主动参与扶贫的意识。虽然有少部分私营企业、合作组织、社会公众等有参与扶贫开发的意愿，但是其对究竟如何有效参与扶贫开发还是缺少理解。[①] 三是对社会扶贫的宣传不够，对社会力量参与扶贫没有给予足够重视，无论是媒体宣传还是政策引导都不够，大大降低了社会力量参与扶贫开发的意愿。

（2）社会扶贫平台建设滞后。社会扶贫平台建设对于社会扶贫具有重要意义，可以有效搭建起援助方和被援助方交流沟通的桥梁，更好地整合各种资源，也可以及时了解被援助方需要哪些援助，进行有针对性的援助，还可以加大对援助方的宣传力度，更好地鼓励社会力量参与到扶贫开发中来。尽管目前已经建成了中国社会扶贫网，但是湖南省大多数贫困地区还不能有效利用这一平台，更重要的是湖南省还缺乏自己的社会扶贫平台，无法充分调动省内一切社会力量参与到脱贫攻坚中来，无法发挥社会力量的合力。目前受到社会扶贫平台建设不足的限制，许多与社会

---

① 张瑞宇：《甘肃省社会扶贫研究》，西北师范大学硕士学位论文，2016。

扶贫相关联的工作还不能有效开展，无法在省内建立起有针对性的社会援助，对援助方的援助数量和被援助方的被援助数量难以有效量化，全省范围内的社会扶贫统计数据也就很难获取，对社会扶贫的效果就难以估算。

（3）社会扶贫工作机制不完善。目前湖南省社会扶贫仍面临缺乏强有力的机制支撑问题，社会扶贫机制建设滞后导致诸多社会扶贫主体只是将扶贫当作政治任务来完成，社会扶贫方案制定、参与范围、资金使用、政策保障、利益共享、考核监督等都不能形成完备的机制保障。一是宣传机制滞后。现阶段湖南省社会扶贫无论在舆论宣传上还是在动员平台的建设上都缺乏有效的机制，社会力量无法更好地了解被扶贫对象的有效需求和自己能介入的范围，致使社会力量难以有效参与扶贫开发；此外，由于没有形成利益共享或者精神回报方面的宣传激励，容易降低社会扶贫主体参与扶贫开发的积极性。二是互动机制不健全。由于缺乏援助方与援助方、援助方与被援助方之间的沟通平台，社会扶贫主体、贫困地区政府及贫困群众之间不能有效互动，容易出现援助方各自为政、重复帮扶，扶贫工作针对性不强，降低帮扶效率。三是监管考核机制不健全。由于现行的社会帮扶监管机制不完善，一些社会力量害怕自己投入的资金不知去向，没有发挥应有的作用，而不愿意捐助。同时，没有建立起社会扶贫考核评价机制，社会扶贫资金、项目和人力投入的成效更多的是一种定性评价，没有完备的定量评价体系，难以评价社会扶贫发挥的作用。

二　社会扶贫模式创新

充分调动社会各方面的力量，加大贫困地区社会扶贫力度，创新社会扶贫模式，推动贫困地区由政府主导的"输血式扶贫"向有社会力量参与的"造血式扶贫"转变，是解决贫困地区贫困问题的一个重要出路。

（一）对接一个平台，聚社会扶贫合力

在目前的贫困治理过程中，政府扶贫是一个主导系统，社会扶贫济困则是一个辅助系统。政府强、社会弱的扶贫模式难以解决贫困地区的经济增长增量问题。而随着互联网技术的快速发展，"互联网＋"是发动社会力量广泛参与扶贫的有效手段，是连接帮需双方的重要桥梁。为此，国务院扶贫办创建了以建档立卡贫困户大数据为基础的"中国社会扶贫网"。湖南省各县（市）要充分利用创建国家首批中国社会扶贫网试点的契机，借助社会力量，打造政府、市场、社会协同推进的大扶贫格局，架起爱心人士与贫困户之间的对接桥梁，实现帮扶资源与帮扶需求的有效对接。例如，江永县和兴村村级信息管理员通过中国社会扶贫网发布贫困户高老扎的扫帚，原本在当地卖 8 元/个，一周都卖不出 10 个，而通过网络销售卖到了 13 元/个，爱心"订单"源源不断地"飞来"，甚至出现了断货，短短十几天时间就获得 2000 多元的收入。

（二）实施"两线并行"，实现供需大互动

"两线并行"是指线上线下开展社会扶贫。在线上，以全省各县的贫困村、贫困户的建档立卡信息作为基础数据，各村信息采集员集中在社会扶贫网发布贫困户"两不愁、三保障"方面的需求信息。在线下，与阿里巴巴、京东、苏宁易购等多家知名电商合作，在全省各县的贫困村建立电商运营站点和"中国社会扶

贫网·爱心慈善超市"线下店铺以及"中国社会扶贫商城"线上店铺（微店），帮助贫困户线上线下结合进行产品销售，以增加家庭收入。例如，截至2018年4月底，湖南省江永县开办网店、微店达2500个，其中62个贫困村开设了"扶贫商城"线下店。20个村设立了地方特色产品展示馆，专卖、义卖贫困户农产品、手工艺品，从业人员达7000余人，贫困户制作的手工女书旗袍、瑶族工艺挂件、腌制品、簸箕、鱼篓等在网上热卖，预计全年可实现交易额逾20亿元，带动5000户贫困户户均增收1000～2000元。在全国首创线上线下相结合的"电商扶贫特产专区"，2017年25个贫困县成功申报成为全国电子商务进农村综合示范县，电子商务交易额达600亿元以上。

（三）开展"三级联动"，聚合社会扶贫资源

按照"县设办、乡（镇）设站、村设点"的思路成立县级服务管理中心，配备专职信息员，乡镇和贫困村均按照"有办公场所、有办公设备、有专门人员、有站点制度、有项目包装"和"站点建设好、宣传服务好、信息反馈好、制度规范好、项目公开好、活动开展好"的"五有六好"标准建设乡村两级站点；并安排专门的信息员，建立"一办一站一点"平台，所有贫困村的"第一书记"担任所在村的社会扶贫服务站站长，并确定为村级上线试点工作"第一责任人"。对村级信息员，实行人事纳入村级干部管理、工作纳入绩效考核、工资纳入财政统发"三纳入"。各县要把社会扶贫网工作纳入重点项目建设、目标考核管理，以及乡镇、县直单位扶贫工作考核与督查巡察的重要内容，严格奖惩，形成"县、乡、村"三级书记一起抓、三级同步运行的工作机制，增强脱贫攻坚的内生动力，聚合社会扶贫资源。例如，截

至 2018 年 4 月底，湖南省江永县在中国社会扶贫网注册的爱心人士达 114088 人，成功对接爱心帮扶 15868 例；115 家企业、1019 名企业主及 10283 名国内外爱心人士、侨商侨领，捐资捐物或解决就业岗位累计价值 1.7 亿元。

（四）"众筹扶贫"激活社会扶贫潜力

"众筹扶贫"能有效提高公众参与公益的深度和广度，统筹社会资源，形成"人人公益"的良好氛围，激活社会扶贫潜力。例如，截至 2017 年底，湖南省江华县通过积极对接各类行业协会、爱心团体，开展医疗救助、教育资助、产业帮扶、就业岗位帮扶、危房改造"五大众筹扶贫"，共众筹物资价值 6000 余万元。尤其通过与中南大学的深度对接合作，共众筹产业帮扶资金 5000 万元，帮助 7 个乡镇、160 个贫困村、5000 户深度贫困户发展产业。同时，通过"互联网＋土地流转"这一创新模式推进"互联网＋产业扶贫"，引导企业在各乡镇和贫困村设立"扶贫车间"，通过"企业＋扶贫车间＋贫困户"的模式，让 4500 余名贫困群众获得了就近工作机会，保障了贫困户的持续增收。湖南省江永县通过实施发展产业、网络应用、德智教育、健康保障、住房保障"五大扶贫众筹项目"，精心组织"百企联百村、千名企业家结千户、万名爱心人士帮万人"行动，引导县内外企业、社会组织、企业家、爱心人士为贫困群众排忧解难、发展经济。截至 2017 年底，江永县已众筹物资和就业岗位价值近 2 亿元，惠及近 2 万人。

三　完善社会扶贫政策建议

要充分发挥社会资源的辐射和带动作用，激发资金、技术、市场、管理等力量，促进贫困地区改变生存环境、提高生活水平、提高生产能力；要广泛动员个人扶贫，积极倡导全民公益理念，通过爱心捐赠、志愿服务、结对帮扶等多种形式参与扶贫，营造"我为人人、人人为我"的社会氛围，共同实现有质量、有效率、可持续的扶贫开发。

（一）树立社会扶贫新理念

社会扶贫理念的树立是社会扶贫工作深化的前提和行动的指南。社会各界必须认识到社会扶贫的重要性，目前湖南省上下对社会扶贫的认知还比较浅，主要停留在传统的社会力量参与扶贫上，较少认识到新形势需要社会扶贫的新模式。新时代湖南省应该抢抓机遇，走在社会扶贫的前列，树立新的社会扶贫理念。一是要树立以人为本的理念。要将社会扶贫每项工作的重点放在人上而不是物上。机会的不均等是形成贫富差距的重要原因。因此，要高度重视人的价值，挖掘贫困户的能力，调动其脱贫致富的积极性，释放其内在动力，增强其可持续发展能力，将"小爱"融入"大爱"，把爱心、时间和金钱三个元素结合起来，特别注意在献爱心和花时间上下功夫。二是树立多主体参与的理念。要构建立体化的社会扶贫格局，广大农村地区贫困问题的解决，仅仅依靠一方的力量是远远不够的。在脱贫攻坚推进过程中，各社会力量除了要重视与政府的密切合作外，还要加强社会力量之间的沟通与配合，避免资源浪费。各社会力量主体在具体工作中，要加强自身与帮扶所在地政府及其部门之间的协作，拾遗补阙，促成政策的落实，并提高当地政府工作的执行力。三是要树立长期扶持的理念。脱贫攻坚是一项长期任务，虽然在2020年之前全国要消除原生的绝对贫困，但仍会存在相对贫困群众。

因此,在政府大规模、强力度的扶贫结束后,社会力量要继续加强对农村经济社会发展的扶持,增强农村地区自身的发展韧性,保持可持续发展,避免返贫。

(二)注重整合资源形成合力

社会扶贫只有尽量整合使用各类扶贫资源,只有将自己的资源与其他渠道、其他主体的扶贫资源配合起来使用,形成强大合力,才能取得最大的扶贫效果。一是要重视与当地政府、有关部门和社会组织的合作,整合人员、整合资源、整合资金,在扶贫开发中把各方面力量统筹起来、融合起来、衔接起来,形成扶贫开发合力,增强可持续开发建设能力。二是要整合各社会力量,要整合社会力量帮扶资金,成立基金组织管理资金,充分发挥资金在产业发展、医疗教育保障等方面的作用,提升资金使用效率。三是要注重从资金、产业、环境、文化、教育、观念等方面入手,开展有针对性的综合性社会扶贫工作,防止简单的给钱给物,打破贫困地区致富瓶颈,增强贫困地区可持续发展的造血能力。

(三)打造立体式社会扶贫平台

脱贫攻坚是一项巨大、复杂的系统工程,需要聚集各方力量共同参与,只有充分利用各种平台,才能更好地促进脱贫目标的实现。一是要充分利用中国社会扶贫网,对接湖南各市(县)的扶贫网建设,加强政府与社会力量的有效协作和互相监督,拓宽扶贫渠道,吸纳省内外资源帮扶湖南贫困群众,促进社会各方面共同推进脱贫攻坚事业。二是要打造一个湖南省省级社会扶贫平台。充分调动湖南省内外一切可以利用的资源,参与湖南的脱贫攻坚事业，有必要建立一个社会扶贫平台，以便省内外社会力量资源更好地对接省内贫困群众和贫困地区产业发展，实现无缝对接，消除对接障碍，强化社会监督，使更多社会资源直接输入贫困地区给予贫困群众，提升扶贫效率。同时，通过平台加强资金的合理使用、打捆使用。从资金整合对象上，不仅要加强对来自不同渠道的社会资金的整合，还要整合财政资金，由政府相关部门集中统筹、规划以及使用，提升资金使用效率。广泛引导和动员社会团体、基金会、其他社会服务机构等社会组织以更大力度支持脱贫攻坚。这一举措有助于社会组织在脱贫攻坚中发挥专业力量、有效整合各类社会资源，将为脱贫攻坚事业增添更大力量，形成更大合力。

（四）建立健全社会扶贫机制

目前，湖南省扶贫政策体系主要是政府主导，社会扶贫力量明显不足。新时代，要以改革创新为动力，加大社会力量参与脱贫攻坚的力度，着力消除社会扶贫的体制机制障碍。一是要健全社会扶贫动员机制。努力营造社会扶贫的良好氛围，广泛开展脱贫攻坚的宣传活动，通过电视、网络、微信、广播、书籍等多渠道、多形式全方位宣传、动员社会扶贫，增强广大群众对贫困、扶贫的认识，调动其参与热情。继续加强定点帮扶、东西协作扶贫以及军队和武警部队参与扶贫，让基于政府力量的社会扶贫继续发光发热。加强以社会组织为枢纽的社会渠道建设，放松体制约束，实行社会组织"注册制"，将社会公众、社会企业等社会扶贫力量整合到相应的社会组织枢纽平台上，畅通公众参与社会扶贫的渠道。二是建立社会扶贫互动机制。①建立贫困群众参与社会扶贫机制，增强贫困群众在社会扶贫中的主体作用，在社会扶贫项目的确定中要充分考虑贫困群众的诉求和实际需求，赋予贫困人口参与社会扶贫的权利，在扶贫项目的推进过程中，加强沟通，增强贫困人口对扶贫项目的信心，发挥贫困人口对脱贫致富的主观能动性。②建立社会扶贫主体之间的协调机制。以大数据建设和社会扶贫网建设为依托，构建社会扶贫各主体之间相互联系的介质，建立政府部门主导、社会力量协作的合作机制。在具体的社会扶贫实践中，针对某一扶贫项目、扶贫地区、扶贫人口，在政府牵头协调下，成立非政府议事协调机构，以社会扶贫网为依托，政府主体、社会主体共享社会扶贫大数据，建立合作与分工机制，共同制定社会扶贫项目规划，推进社会扶贫项目实施。三是完善社会扶贫监控机制。建立社会扶贫信息披露制度，社会扶贫政府主体在实施社会扶贫项目过程中，要及时向社会披露社会扶贫资金的使用情况，社会扶贫项目规划、实施情况以及社会扶贫项目实施结果；在政府内部考核的基础上引入经验丰富、运行独立的第三方考核机构，第三方考核机构介入政府主体实施社会扶贫项目全过程，根据考评体系和项目情况设计完整的考评指标，向社会披露考核结果，监控政府主体社会扶贫行为。要建立企业、社会组织、个人社会扶贫监控体系，成立社会扶贫社会主体监控机构，利用大数据平台建立社会扶贫社会主体数据库，对社会主体社会扶贫行为全程考核评级。①

---

① 张瑞宇：《甘肃省社会扶贫研究》，西北师范大学硕士学位论文，2016。

第十一章　农村贫困治理的战略思路与保障措施

农村绝对贫困治理进程主要依靠政府力量输血，强行快速推动，对农村发展实际思考不足，使农村经济社会发展基础不牢。在向相对贫困治理转变过程中，要摆脱传统的反贫模式，注重长远发展目标，加强农村软环境建设，充分挖掘调动社会力量，进而激发农村发展的内生动力。

一　农村贫困治理的战略思路

（一）从注重短期目标向长期目标转变

近些年来，通过采取送钱、送物等方式进行扶贫，解决了大部分绝对贫困，这种突击式扶贫注重的是缺什么补什么，追求立竿见影的效果，但忽略了贫困户自身致富手段、致富能力的挖掘和提高，难以解决相对贫困问题。只有从注重短期目标转向长远目标，从以支出型补贴为主向收支两条线转变，才能更好地解决相对贫困问题。建立健全严格的债务管理制度，有效控制农村发展风险。贫困农村为发展公益事业而举债的，应根据财力许可进行科学论证和听证，严格控制举债建设风险，对擅自举债的村严肃处理，并追究单位负责人的行政和经济责任；要完善发展机制，建立以农民自力更生为主的创业体系，自主经营、自我积累、自我发展；建立健全激励机制，把政府扶持与调动积极性结合起来，奖励有志促进农村持续发展的乡镇、企业、创业者，优先安排项目和资金扶持；以新型农村合作组织为纽带，整合农村个体经济，加强利益连接，走抱团发展之路，不断提高贫困地区农业产业的竞争力；加快推进产业融合发展，通过建设各种特色农业综合体，提升农业发展品质，做大做强做优农业特色产业。强化政府与社会、市场多元互动合作的资产相对贫困治理机制。按照量化到户、股份合作、保底分红、滚动发展的原则，长期实施农户抱团入股参与企业、合作社生产经营，确保农户的长期资产收益。同时，要善于运用市场手段盘活农村资产要素，支持农户以土地、资源等入股参与产业长期发展，建立农业企业与农户的利益联结机制，解决相对贫困户资金短缺、个人创业乏力等方面的问题，实现相对贫困户投资、就业、收益多赢，让以往的"一次性"扶贫变成"细水长流"的发展。

（二）从注重硬环境向软环境建设转变

在绝对脱贫的帮扶上往往是路桥、水利设施、大棚等硬件建设，单体项目多，资金投放散，集聚效应差，软环境建设严重滞后。软环境是一个地区综合竞争力的重要标志和组成部分。软环境好，没有优势可以创造优势，没有资源可以集聚资源。软环境滞后，已有优势也会丧失，已有资源也会流失，有机遇也会错失。良好的软环境会产生"洼地效应"和"集聚效应"，成为社会经济发展加速的原动力。脱贫摘帽后的相对贫困治理必须牢牢抓住"软件"这个牛鼻子，把软环境转为"硬实力"。要构建公开、公正、公平竞争的市场环境，打造优质、廉洁、高效的政务环境，建设民主、文明、正义的法治环境，加强诚实、守信、规范的信用环境，营造舒适、便利、健康的人文生活环境，实现天蓝、地绿、水净的生态环境，做到一次会议审批、一个窗口受理、一个公章生效，避免少数政府部门搞"体内循环"。加强相对落后地区人才开发，加强子女文化、传统教育和技术培训，大力促进实用型职业技术教育和成人教育发展，保障下一代接受优质教育，彻底改变教育事业发展滞后、受教育人口少和程度偏低状况，切断贫困代际传递。加大优惠扶持力度，吸引有意愿、有能力、肯干事的优秀人才到相对落后地区创新创业，兼顾"外部引智"与"内部培养"，打造用得上、养得起、留得住、作用大的"乡土人才"。加强公共文化建设。结合乡村振兴战略，创新方法抓实农村文化阵地建设。有针对性地规划建设村民文化活动中心场所、文化广场和休闲长廊，让群众在休闲的同时，学习掌握生产生活必备知识，促进村民素质提升和村风民风转变，营造农村文明和谐的生活环境。扶持农村文化社团健康发展，鼓励群众自编、自导、自演身边的人和事，并定期举办高质量的地区文艺汇演。大力推进农村文化资源的开发与保护。加大对传统村落、古建筑、古树木和文化遗产等的普查、宣传和保护力度，使其与美丽乡村建设相互辉映，相得益彰，充分彰显文化魅力。让软环境成为促进发展的有力支撑，让改革的春风化为发展东风，为经济社会发展提供强劲动力。

（三）从政府主导向社会力量嵌入转变

农村相对贫困的治理是一个长期、动态的过程，仅靠政府介入难以改变农村经济增量问题。社会力量嵌入带来诸如信任、规范以及网络等，能够更好地解决信息不对称、资源利用的外部性、产权不明晰等市场失灵问题，可以更直接作用于村庄产业发展，也可以克服政府的选择偏好，满足不同农村贫困群体偏好，提升农村贫困群体的边际效益，提高农村贫困治理效率。要充分发挥社会力量的身份、技术、资源等优势，打通市场、政府、农村社区及农户等各个环节，从农村经济增长、农村公共服务提质、农村发展方式转变、农民收入增加等方面实现农村振兴。大力支持非公有企业和返乡创业者参与乡村产业发展，对其实施税收抵免减让政策，注重配合协作，量力而行、尽力而为，有钱出钱、有技术出技术，给予贫困群众全方位、多层次、系统性的应有支持。建立和完善捐助和监管的制度和法规，实现捐、用、管的有效衔接，积极引导非政府扶贫组织和各种慈善组织基金参与医疗、义务教育、失业救助等社会保障体系建设。鼓励具有现代思想、开拓创新能力、先进科学文化的大学生自愿到农村创业，带动农村人力资源开发，补齐农村劳动力素质短板，提振农村内生发展能力与动力，拓展农村就业空间。

（四）从外在帮扶向内生动力激发转变

长期以来，一些地区和家庭之所以贫困除了不可抗拒因素外，主要是存在"等、靠、要"思想。出现贫困户靠着墙角晒太阳，坐等政府送温暖的现象。确实，近些年外在的帮扶可以解决绝对贫困，但是要解决好长期的相对贫困，激发内生动力势在必行。要加大教育宣传力度，树立正确的廉耻观，营造"美好生活要靠自己创造"的社会氛围；要选好支村"两委"班子，尤其选好班子带头人，发挥带头致富、带领致富的作用；要实行以奖代补，推动扶贫政策由外部推动脱贫向激活内力驱动贫困对象主动脱贫转变，加快形成贫困户脱贫的内部倒逼机制；实现"外学"与"内树"并举，不定期组织村干部、村民代表"走出去"学习，解放思想，开阔眼界，提振信心，同时注重发现和培养发家致富示范典型，加大对典型的宣传力度，用身边典型说服人、鼓舞人、感化人，全面激发地区内生发展动力。转变帮扶方式，断绝"输血式"帮扶，加大知识和技术的输送力度，减少一些形式化的走访，加大信息和项目的输送力度，切实将对贫困户的帮扶落在实处，让其树立致富信心，真正掌握致富技术、找准致富路子，激发"要我脱贫"向"我要脱贫"转变。建立对农村"懒人"的强制劳动制度，对有劳动能力而不工作劳动的人员，取消其社会保障兜底福利待遇。

二 强化农村贫困治理的保障措施

要顺利实现贫困地区农村脱贫摘帽，除了加大资金投入力度外，更重要的是强化脱贫目标责任担当，强化贫困地区产业发展，强化贫困地区人才建设，强化扶贫落实监管，建立后期帮扶跟进机制。

（一）强化脱贫目标责任担当

省委、省政府要根据中央决策部署，按照脱贫摘帽的目标任务，坚持自省负总责、市县抓落实，各级党政一把手亲自抓，贫困县党委和政府负起主体责任，发扬连续作战精神，不放松、不停顿、不懈怠，扎扎实实把脱贫攻坚战推向前进。一是要树立求真务实思想。各级政府要按照确定的脱贫攻坚目标和扶贫标准，贯彻精准扶贫精准脱贫基本方略，既不急躁蛮干，也不消极拖延，既不降低标准，也不吊高胃口，咬定青山不放松，稳扎稳打求实效。二是要强化工作重点。抓住深度贫困地区和特殊贫困群体，突出重点、加大力度，集中优势、精准发力，对症下药、靶向治疗，进一步强化支撑保障体系，加大政策倾斜力度，全力攻克坚中之坚。三是要精准夯实责任。坚持党对脱贫攻坚的领导，严格落实贫困县党政主要领导"不脱贫不调整、不摘帽不调离"和脱贫攻坚工作纪律，让党员干部自觉承担起脱贫攻坚的责任。要认真查摆突出问题，围绕"两不愁、三保障"脱贫目标，扣好第一颗扣子，补齐短板，确保脱贫攻坚始终沿着正确方向推进。四是要凝聚强大合力。强化内源扶贫，充分发挥贫困群众的主体作用，积极帮助贫困群众"扶"起脱贫的志气。要激发贫困地区的内生动力，在加快培育特色优势产业和人力资源开发中不断提高贫困户自我发展能力，推动稳定脱贫。形成外部多元扶贫与内部自我脱贫的互动机制，增强脱贫攻坚合力。五是要强化督导检查，深入开展扶贫领域腐败和作风问题专项治理，依法依纪严惩贪污挪用、截留私分、虚报冒领等行为，实施最严格的考核评估，树立奖优罚劣的正确导向，营造真抓实干的良好氛围，确保脱贫过程扎实、脱贫结果真实。

（二）强化贫困地区产业发展

根据湖南省贫困地区气候、海拔、土壤等因素，着力发展特色农业产业和农产品加工业。一是要搭建好组织平台。更好更快组建茶叶、茶油、水果等特色合作组织，加快制定并完善合作组织运行机制，通过合作组织为贫困户提供农业发展资金、技术、销售等方面的服务，把分散的农户组织起来实施产业化生产和规模化经营，解决好贫困户对接市场能力不足的问题，推进"龙头企业＋基地＋农户"产业模式，通过企业发展的涓滴效应带动周边经济的发展，尤其要重视对龙头企业的鼓励和支持，避免盲目自由经营，并加大对产业扶持力度，不仅给予资金支持，更要给予技术支持，通过对农户培训，打造特色产业集群，带动贫困户增收。二是盘活农村闲置土地。通过土地流转，把土地向致富能手和龙头企业集中，发挥土地规模效应，贫困户不仅可以通过土地入股分红，还可以到企业打工获得务工收入，促使贫困户获得持续的经济收入。三是加大对农村集体经济扶持力度。要用好贫困地区产业发展扶助资金，做好产业发展项目规划，鼓励和激励外出务工村民、返乡创业者和有意愿服务农村的青壮年人才回村创业，促进农村集体经济发展，增强村庄的带动力，促进贫困户持续增收致富。

（三）强化贫困地区人才建设

贫困地区人才短缺是制约其发展的一个关键因素，因此加强贫困地区人才建设，除了要激励城乡人才流动外，还要提高贫困农户的受教育程度，对促进贫困户脱贫致富具有重要作用。一是要加大对贫困地区人才建设投入力度。政府相关部门在扶贫开发过程中，要加大对贫困地区教育基础设施完善、教师待遇提升、职业教育培训等资金投入力度，改善其教育环境，提高教师素质，提升教育质量。二是要注重对优秀人才的引进激励。针对贫困地区产业发展的短板，加大对有意愿到贫困地区创业就业的人才的支持力度，对创业者提供一定的税收优惠和资金支持，从住房、工资、家属安排等方面提高福利待遇以吸引优秀人才到贫困地区工作，增强贫困地区发展能力。三是要加强实用技术人才培养和培训。针对未能考入高中或大学的群体，引导其进入职业技术学校就读，培养更多的专业实用技术人才，提升贫困地区农户整体技能素质，为产业发展储备专业人才，提升贫困劳动力的就业技能和待遇，增强其内生素质，促进其稳定脱贫。

（四）强化扶贫落实监管

一是要优化扶贫制度设计。政府和有关部门要围绕脱贫目标，根据贫困地区实际需要，进一步制定和完善扶贫优惠政策，优化制度，完善机制，通过政策激励，调动社会各界参与扶贫开发的积极性和主动性，对贫困群众发展生产和社会各种帮扶进行支持。二是要加强资金使用管理。扶贫部门要严格执行扶贫资金管理制度，加强资金使用监督检查，确保扶贫资金规范使用。三是完善监测、评估和督导制度。邀请民主党派、科研机构、社会组织对脱贫攻坚政策措施落实和扶贫绩效进行第三方评估，定期对进度安排、项目落地、资金使用、人力调配、推进实施等重点工作和重点环节进行全方位督查指导，实行重大项目挂牌督办。四是要建立全方位监管体系。不仅要继续加强党内监管，提高透明度，还要社会公众监督评判政策落实的公正度；加强扶贫资金管理和审批监管制度，同时建立相应的跟踪问责制度，对扶贫项目实施的事前、事中、事后都要层层把关，严格监管扶贫资金发放。对违规违法、不作为、慢作为、乱作为等行为及时曝光，并严肃追究责任。

（五）建立后期帮扶跟进机制

目前大规模的精准扶贫可以在短时间内有效解决长期以来形成的原生贫困，但贫困地区整体发展基础落后，许多贫困家庭自身能力不足，一旦再次发生天灾人祸和意外情况，如果没有相应的保障措施，可能返贫。因此，一是要建立后期脱贫帮扶机制。贫困人口脱贫摘帽后，仍然要有专门的机构和责任人进行长期的跟踪，继续帮助解决生产生活上的问题和困难，帮助其建立起可持续发展能力，实现稳定脱贫。二是要完善大病救助和商业医疗保险。不断增加大病医疗保险报销比例和报销项目，还要强化大病医疗商业保险，最后由政府对相对贫困家庭的大病救治进行兜底，确保农户不会因病致贫和返贫。三是要建立农业生产和自然灾害保险制度，确保农户不因灾致贫。四是要进一步扩大义务教育范围。在供给侧结构改革背景下，产业转型升级加快，对劳动力素质要求越来越高，因此要延长贫困户劳动力受教育年限，免费为其提供职业教育，增强其自身能力，防止因学返贫。

参考文献

阿玛蒂亚·森：《贫困与饥荒》，商务印书馆，2001。

卞鹰、唐宇文等：《湖南省兜底扶贫的现状、问题及对策建议》，湖南智库网，2017年10月18日。

崇鹏林：《甘肃省易地扶贫搬迁工作的实践困境与完善路径》，兰州大学硕士学位论文，2017年6月。

常瑛：《非政府组织参与式扶贫研究》，广西师范大学硕士学位论文，2012。

陈标平、胡传明：《建国60年中国农村反贫困模式演进与基本经验》，《求实》2009年第7期。

陈成文、陈建平、陶纪坤：《产业扶贫：国外经验及其政策启示》，《经济地理》2018年第1期。

陈飞、卢建词：《收入增长与分配结构扭曲的农村减贫效应研究》，《经济研究》2014年第2期。

陈端计：《中国反贫困三阶段论》，《青海民族学院学报》（社会科学版）2008年第4期。

陈辉、张全红：《基于多维贫困测度的贫困精准识别及精准扶贫政策——以粤北山区为例》，《广东财经大学学报》2016年第3期。

陈金明、吴炜：《武陵山片区生态保护与扶贫开发协同发展论纲》，《学习月刊》2015 年第 1 期。

陈凌建：《中国农村反贫困模式与选择》，《湘潭师范学院学报》（社会科学版）2009 年第 6 期。

陈明星：《精准扶贫的实践困境及对策建议》，《发展研究》2017 年第 6 期。

陈晓琴、王钊：《"互联网＋"背景下农村电商扶贫实施路径探讨》，《理论导刊》2017 年第 5 期。

陈宗胜、沈扬扬、周云波：《中国农村贫困状况的绝对与相对变动——兼论相对贫困线的设定》，《管理世界》2013 年第 1 期。

戴小明：《民族地区精准扶贫的核心在教育——武陵山片区一所偏远乡村小学的调查与思考》，《中央民族大学学报》（哲学社会科学版）2016 年第 6 期。

党国英：《脱贫攻坚进程中易地扶贫搬迁研究的拓展与深化——评何得桂著《山区避灾移民搬迁政策执行研究：陕南的表述》，《生态经济》2017 年第 1 期。

党雅琳：《甘肃省非政府组织发展问题及对策研究》，《兰州石化职业技术学院学报》2009 年第 1 期。

丁晓攀、刘进军：《民族地区激励型扶贫与农村低保制度耦合探索——以甘南州为例》，《云南民族大学学报》（哲学社会科学版）2015 年第 2 期。

冈纳·缪尔达尔：《世界贫困的挑战——世界反贫困大纲》，北京经济学院出版社，1991。

龚娜、龚晓宽：《中国扶贫模式的特色及其对世界的贡献》，《理论视野》2010 年第 5 期。

公丕明、公丕宏：《精准扶贫脱贫攻坚中社会保障兜底扶贫研究》，《云南民族大学学报》（哲学社会科学版）2017 年第 6 期。

郭广军、邵瑛、邓彬彬：《加快推进职业教育精准扶贫脱贫对策研究》，《教育与职业》2017 年第 10 期。

国家发展改革委：《国家发展改革委关于印发全国"十三五"易地扶贫搬迁规划的通知》（发改地区〔2016〕2022 号）。

郭小敏：《精准扶贫战略推进中扶贫开发与社会保障联动机制研究》，《中国人力资源社会保障》2017 年第 3 期。

何家慧：《绿色贫困理论视角下的湖北省房县生态产业扶贫问题研究》，湖北大学硕士学位论文，2017。

贺立龙、郑怡君、胡闻涛、於泽泉：《易地搬迁破解深度贫困的精准性及施策成效》，《西北农林科技大学学报》（社会科学版）2017 年第 6 期。

胡振光、向德平：《参与式治理视角下产业扶贫的发展瓶颈及完善路径》，《学习与实践》2014 年第 4 期。

黄承伟：《深化精准扶贫的路径选择——学习贯彻习近平总书记近期关于脱贫攻坚的重要论述》，《南京农业大学学报》（社会科学版）2017 年第 4 期。

黄承伟、邹英、刘杰：《产业扶贫：实践问题和深化路径——兼论产业扶贫的印江经验》，《贵州社会科学》2017 年第 9 期。

黄立军、李胜连、张丽颖：《少数民族地区生态移民发展绩效指标体系优化与实证评价——基于因子分析结果与需求层次论契合的视角》，《湖北农业科学》2016 年第 3 期。

黄荣华、冯彦敏、路遥：《国内外扶贫理论研究综述》，《黑河学刊》2014 年第 1 期。

吉正芬：《发展型扶贫：全面脱贫背景下扶贫攻坚的战略选择》，《西南民族大学学报》（人文社科版）2017 年第 9 期。

贾清：《全面建成小康社会的行动指南和决胜纲领——党的十八届五中全会精神解读》，《前沿》2015 年第 11 期。

江克忠、刘生龙：《收入结构、收入不平等与农村家庭贫困》，《中国农村经济》2017 年第 8 期。

靳永翥、丁照攀：《贫困地区多元协同扶贫机制构建及实现路径研究》，《探索》2016 年第 6 期。

金三林：《"十三五"做好扶贫开发工作的几点思考》，《发展研究》2016 年第 1 期。

李博、左停：《遭遇搬迁：精准扶贫视角下扶贫移民搬迁政策执行逻辑的探讨——以陕南王村为例》，《中国农业大学学报》（社会科学版）2016 年第 2 期。

李博、左停：《集中连片贫困地区"购买服务式"综合性扶贫治理模式研究》，《农业经济问题》2017 年第 2 期。

李德宏：《关于农村扶贫中的政府行为分析》，《管理观察》2016 年第 3 期。

李慧：《我国连片贫困地区生态扶贫的路径选择》，《四川行政学院学报》2013 年第 4 期。

李慧君：《阜阳市扶贫工作研究》，安徽大学硕士学位论文，2017。

李明：《西部地区农村贫困人口教育扶贫研究》，陕西师范大学硕士学位论文，2018 年 5 月。

李民、贾先文：《扶贫攻坚背景下连片特困地区农业协同发展路径——以武陵山片区为例》，《经济地理》2016 年第 12 期。

李秋斌：《"互联网 +"下农村电子商务扶贫模式的案例研究及对策分析》，《福建论坛》（人文社会科学版）2018 年第 3 期。

李晓辉、徐晓新、张秀兰、孟宪范：《应对经济新常态与发展型社会政策 2.0 版——以社会扶贫机制创新为例》，《江苏社会科学》2015 年第 2 期。

李永友、沈坤荣：《财政支出结构、相对贫困与经济增长》，《管理世界》2007 年第 11 期。

李志萌、张宜红：《革命老区产业扶贫模式、存在问题及破解路径—以赣南老区为例》，《江西社会科学》2016 年第 7 期。

李周、刘长全：《西部农村减缓贫困的进展、现状与推进思路》，《区域经济评论》2013 年第 2 期。

林伯强：《中国的经济增长、贫困减少与政策选择》，《经济研究》2003 年第 12 期。

林广毅：《农村电商扶贫的作用机理及脱贫促进机制研究》，中国社会科学院博士学位论文，2016。

柳拯：《中国农村最低生活保障制度政策过程与实施效果研究》，中国社会出版社，2009。

刘宝臣、韩克庆：《中国反贫困政策的分裂与整合：对社会救助与扶贫开发的思考》，《广东社会科学》2016 年第 6 期。

刘川林：《社会资本视角下川西贫困地区致贫因素及扶贫对策研究——以 M 县为例》，西南大学硕士学位论文，2017。

刘欢：《从绝对到相对转变视域下的中国农村脱贫新探析》，《软科学》2017 年第 5 期。

刘竖：《中国减贫研究》，中国财政经济出版社，2009。

刘慧芳：《贫困山区易地扶贫搬迁政策执行问题研究》，郑州大学硕士学位论文，2017 年 11 月。

刘辉武：《精准扶贫实施中的问题、经验与策略选择——基于贵州省铜仁市的调查》，《农村经济》2016 年第 5 期。

刘喜堂：《切实做好社会救助兜底保障》，《中国民政》2018 年第 15 期。

刘智勇、刘玉：《"互联网+"背景下常德市农村精准扶贫困境及路径研究》，《现代商贸工业》2017 年第 32 期。

陆婵媛：《脱贫攻坚背景下农村健康扶贫的实践路径研究——以贵州省苗县为例》，华东理工大学硕士论文，2017。

陆汉文、黄承伟：《中国精准扶贫发展报告》，社会科学文献出版社，2017 年版。

罗楚亮：《经济增长、收入差距与农村贫困》，《经济研究》2012 年第 2 期。

罗侠、杨波、庞革平：《新词·新概念：生态扶贫》，《人民日报》，2002 年 10 月 28 日。

马杰：《产业扶贫实施路径研究——基于网络化治理视角》，《忻州师范学院学报》2016 年第 5 期。

马楠：《民族地区特色产业精准扶贫研究——以中药材开发产业为例》，《中南民族大学学报》（人文社会科学版）2016 年第 1 期。

卯解军：《互联网+背景下陇南市电商扶贫研究》，兰州大学硕士学位论文，2017。

莫光辉：《精准扶贫：中国扶贫开发模式的内生变革与治理突破》，《中国特色社会主义研究》2016 年第 2 期。

莫光辉：《精准扶贫视域下的产业扶贫实践与路径优化——精准扶贫绩效提升机制系列研究之三》，《云南大学学报》（社会科学版）2017 年第 1 期。

欧阳惶：《新时期财政扶贫思考》，《中国经济时报》2015 年 12 月 21 日。

覃杰：《湖北武陵山区农村贫困测度与治理研究——以恩施州

为例》，湖北民族学院硕士学位论文，2017。

青觉、孔晗：《武陵山片区扶贫开发问题与对策研究》，《中央民族大学学报》（社会科学版）2014年第2期。

任燕顺：《对整村推进扶贫开发模式的实践探索与理论思考》，《农业经济问题》2007年第8期。

邵佳：《武陵山片区（湖南地区）生态扶贫问题探析》，《柳州师专学报》2015年第3期。

申秋：《中国农村扶贫政策的历史演变和扶贫实践研究反思》，《江西财经大学学报》2007年第1期。

沈洋：《社会资本视角下的农业产业化扶贫研究》，华中师范大学博士学位论文，2013。

史峰博：《秦巴山连片特困地区生态扶贫开发研究》，长安大学硕士学位论文，2016。

世界银行：《2000/2001年世界发展报告：与贫困作斗争》，中国财政经济出版社，2001。

苏海、向德平：《社会扶贫的行动特点与路径创新》，《中南民族大学学报》（人文社会科学版）2015年第3期。

孙久文、唐泽地：《中国产业扶贫模式演变及其对"一带一路"国家的借鉴意义》，《西北师大学报》（人文社会科学版）2017年第6期。

同春芬、张浩：《"互联网＋"精准扶贫：贫困治理的新模式》，《世界农业》2016年第8期。

汪三贵：《中国新时期农村扶贫与村级贫困瞄准》，《管理世界》2007年第1期。

汪三贵、刘未：《以精准扶贫实现精准脱贫：中国农村反贫困的新思路》，《华南师范大学学报》（社会科学版）2016年第

5 期。

王亚峰：《宁夏产业扶贫精准施策研究》，宁夏大学硕士学位论文，2017。

王伟：《新疆就业扶贫的现状及对策建议》，《农业部管理干部学院学报》2017 年第 6 期。

王卓：《四川乡镇贫困群体的社会支持网研究——基于农村贫困群体社会支持网的比较分析农村经济》2016 年第 4 期。

武汉大学中国国际扶贫中心：《中国反贫困发展报告（2016）——社会组织参与扶贫专题》，华中科技大学出版社，2016。

吴志会：《实施电商扶贫，走出精准"造血"新路——浙江省龙游县电商扶贫的实践与启示》，《知识经济》2016 年第 24 期。

《习近平赴湘西调研扶贫攻坚》，新华网，2013 年 11 月 3 日。

向延平：《贫困地区经济发展与教育发展、教育扶贫相关性分析——以湘西州为例》，《湖南商学院学报》2018 年第 8 期。

向运华、刘欢：《保障性扶贫模式下社会救助助推精准脱贫的实证分析——基于 1989－2011 年 CHNS 数据库 9 次调查数据研究》，《江西财经大学学报》2016 年第 5 期。

肖湘愚：《湖南推进武陵山片区区域发展与扶贫攻坚战略研究》，《吉首大学学报》（社会科学版）2013 年第 3 期。

徐勇、邓大才：《反贫困在行动：中国农村扶贫调查与实践》，中国社会科学出版社，2015。

闫坤、刘轶芳：《中国特色的反贫困理论与实践研究》，中国社会科学出版社，2016。

游俊、冷志明、丁建军：《中国连片特困区发展报告（2013）》，社会科学文献出版社，2013。

元林君：《我国就业扶贫的实践成效、存在问题及对策探析》，

《现代管理科学》2018 年第 9 期。

袁准等：《湖南县域发展报告——聚焦精准扶贫》，社会科学文献出版社，2017。

张福顺：《农村最低生活保障制度兜底脱贫的主要进展、问题与对策——基于罗霄山区遂川县的调查》，《中国社会福利》2017年第 12 期。

张建军：《"三维资本"视阈下新疆民族乡贫困治理对策研究》，《西南民族大学学报》（社会科学版）2017 年第 6 期。

张明锁、王灿灿：《兜底扶贫制度的运行现状、价值取向与优化路径》，《社会政策研究》2018 年第 1 期。

张乔娜、陈方力、洪平平：《国外大病保障实施经验对江西大病保险发展的启示》，《中共南昌市委党校学报》2015 年第 6 期。

张瑞东、蒋正伟：《电商赋能　弱鸟高飞——电商消贫报告（2015）》，社会科学文献出版社，2015。

张瑞宇：《甘肃省社会扶贫研究——基于我国"三位一体"大扶贫格局的视野》，西北师范大学硕士学位论文，2016。

张新伟：《市场化与贫困路径选择》，中国社会科学出版社，2001。

张亚林：《基于脱贫需求调查的湖南产业扶贫模式研究》，中南林业科技大学硕士学位论文，2018。

张翼：《当前中国精准扶贫工作存在的主要问题及改进措施》，《国际经济评论》2016 年第 6 期。

章元、万广华、史清华：《暂时性贫困与慢性贫困的度量"分解和决定因素分析》，《经济研究》2013 年第 4 期。

张忠朝、袁涛：《医疗保障扶贫实施情况分析研究》，《中国医疗管理科学》2016 年第 4 期。

赵秀兰：《"互联网＋"精准扶贫模式：主要内容与政策建议》，《农村经济》2017 年第 8 期。

刘功成：《中国的贫困问题与 NGO 扶贫的发展》，《中国软科学》2002 年第 7 期。

周常春、张秀云、张泽辰：《扶贫参与主体能力建设对产业扶贫的影响研究》，《昆明理工大学学报》（社会科学版）2015 年第 6 期。

周恩宇、卯丹：《易地扶贫搬迁的实践及其后果——一项社会文化转型视角的分析》，《中国农业大学学报》（社会科学版）2017 年第 4 期。

周玉龙、孙久文：《社会资本与农户脱贫》，《经济学动态》2017 年第 4 期。

庄天慧、张军：《民族地区扶贫开发研究——基于致贫因子与孕灾环境契合的视角》，《农业经济问题》2012 年第 8 期。

Alcock, P., *Understanding Poverty* (London: The Macmillan Press, 1993).

Atkinson, A. B., "Multidimensional Deprivation: Contrasting Social Welfare and Counting Approaches", *Journal of Economic Inequality*, 2003 (1).

BENINGTON J., "From Private Choice to Public Value", Paper Presented to the Public Management and Policy Association. London: PMPA, 2005: 5.

Burt, Ronald S., "The Gender of Social Capital", *Rationality & Society*, 1998 (1): 5 – 46.

Chantarat, S & C. B. Barrett., "Social Network Capital, Economic Mobility and Poverty Traps", *Journal of Economic Inequality*,

2012（10）.

Diana K. L. Ngo，"A Theory-based Living Standards Index for Measuring Poverty in Developing Countries"，*Journal of Development Economics*，January 2018.

Fuchs Victor. ，"Redefining Poverty and Redistributing Income"，*The Public Interest*，1967：86 – 94.

GAINS F. & STOKER G. ，"Delivering "Public Value"：Implications for Accountability and Legitimacy"，*Parliamentary Affairs* 2009（3）：438 – 455.

Kakwani, N. ，M. Neri and Hyun H. Son. ，"Linkages between Pro-poor Growth Labor Market and Social Programmes"，edited by Erik Thorbecke and Machiko Nissanke，WIDER，Helsinki，2007。

Maasoumi, E. ，M. A. Lugo. "The Information Basis of Multivariate Poverty Assessments"，*Quantitative Approaches to Multidimensional Poverty Measurement*，（London：Palgrave-Macmillan，2008）：1 – 29.

Moore M. H. ，"*Creating Public Value：Strategic Management in Government*"，（Cambridge，MA：Harvard University Press，1995）.

Nussbaum, M. ，"Capabilities as Fundamental Entitlements：Sen and Social Justice"，*Feminist Economics*，2003（9）：33 – 59.

O. Day，*Rosemary and Englander，David. Mr charles Booths Inquiry：Life and Labour of the People in Landon Reconsidered*（London：Hambledon Press，1993）.

OECD. ，"Rising to the Global Challenge：Partnership for Reducing World Poverty"，Statement by the DAC High Level Meeting April 25 – 26，Paris，2001.

O'FLYNN J. ，"From New Public Management to Public Value：

Paradigmatic Change and Managerial Implications", *Australian Journal of Public Administration*, 2007, 66 (3): 353 – 366.

Smith R. F. I., "Focusing on Public Value: Something New and So-mething Old", *Australian Journal of Public Ad-ministration*, 2004 (4): 68 – 79.

TAN Y, CHEN Y, HUGO G., "Displacement and Economic Consequences of the Three Gorges Project: A Case Study of Re-settles in Sichuan Province", *Asian and Pacific Migration Journal*, 2009 (4).

Townsend, P. *The Concept of Poverty* (London: Heinemmann, 1971).

World Bank., "World Development Report 2000/2001: Attacking Poverty", The World Bank Publication, Washington, D. C. 2000.

Xin Cheng, Chuan-min Shuai, Jing Wang, Wen-jing Li, Yue Liu, "Building a Sustainable Development Model for China's Poverty-stricken Reservoir Regions Based on System Dynamics", *Journal of Cleaner Production*, 1 March 2018: 535 – 554.

后　记

　　精准扶贫是全面建成小康社会、实现第一个百年奋斗目标的
重要任务，也是实现乡村振兴的一个重要内容。打赢脱贫攻坚战
是中国政府向全国人民乃至全世界做出的庄严承诺。党的十八大
以来，以习近平同志为核心的党中央把精准扶贫摆在治国理政的
突出位置，做出一系列重大部署和安排，精准扶贫力度空前、规
模庞大、影响深远，中国脱贫攻坚任务取得了重大进展，大大改
善了贫困地区和贫困群众生产生活条件，谱写了人类反贫困历史
的新篇章。党的十九大把打好脱贫攻坚战作为决胜全面小康社会
的三大攻坚战之一，出台了一系列脱贫重大方针政策，再次展现
了中国共产党坚决完成脱贫任务的信心决心。

　　湖南作为中国精准扶贫的主战场之一，是国家打赢脱贫攻坚
战的重要阵地，湖南省脱贫攻坚任务的完成情况能够折射出国家
脱贫攻坚任务的完成情况。面对国内外经济下行压力、去杠杆、
转型升级加速的挑战，湖南省在加速脱贫攻坚进程中如何抓住重
点问题，参与扶贫主体如何引导，战略方针如何抉择，推进路径
如何实施，如何确保脱贫摘帽后的持续发展，推进措施如何保
障，这些都是今后几年乃至一个时期亟待研究解决的问题。

　　尽管近些年湖南脱贫攻坚任务取得了重大进展，但在经济转

型背景下，贫困地区面临的经济社会发展压力较大。目前的扶贫工作仍然是在政府主导下推进，这固然对推进贫困地区脱贫有重要作用，但也带来了诸多问题和矛盾，尤其是在产业发展选择、贫困户自身需求等方面考虑较少，严重抑制了扶贫效率的提升，不利于贫困地区的可持续发展。因此，推进贫困地区脱贫攻坚应以贫困户自身实际需求为出发点，坚持政府扶贫与社会扶贫相协调，注重贫困地区自身特色，着力促进贫困地区走一条可持续发展之路。

本书以湖南精准扶贫战略为主题，深入分析产业扶贫、易地搬迁扶贫、转移就业扶贫、教育扶贫、医疗健康扶贫、生态扶贫、社会扶贫等，全方位探讨湖南精准扶贫取得的成就、存在的主要问题、主要模式与路径，探寻更好完成脱贫攻坚任务的举措，探索未来扶贫的趋势方向，为贫困地区又好又快发展提供政策建议。

本书是湖南省社会科学基金项目"社会力量嵌入湖南农村相对贫困治理模式创新与机制优化研究"的成果之一。本书的写作源于近几年对湖南贫困地区基层政府和贫困群众的一系列调研，得到了湖南省社会科学院科研处的支持，在这里要特别感谢社会学研究所童中贤所长的长期关心，是他经常带我们出去调研才成就了本书的写作思路。同时，要感谢湖南省社会科学院社会学所所有同事的帮助，在这个大家庭里，大家相互鼓励、帮助。是他们的关心和帮助使我顺利地完成本书的写作。还要特别感谢湖南省社会科学院系统工程研究所高立龙，他为本书的写作做出了较多贡献。本书的顺利出版，还要得益于湖南省社会科学院对优秀成果的支持，在此向院领导和科研处等部门表示衷心的感谢！

范东君

2019 年 4 月 10 日

图书在版编目（CIP）数据

精准扶贫：成就、问题与新思路：基于湖南省实践/
范东君著. -- 北京：社会科学文献出版社，2019.7
ISBN 978 - 7 - 5201 - 4663 - 0

Ⅰ.①精⋯　Ⅱ.①范⋯　Ⅲ.①扶贫 - 研究 - 湖南
Ⅳ.①F127.64

中国版本图书馆 CIP 数据核字（2019）第 065107 号

精准扶贫：成就、问题与新思路
——基于湖南省实践

著　　者 / 范东君

出 版 人 / 谢寿光
责任编辑 / 吴云苓　宋　静

出　　版 / 社会科学文献出版社·皮书出版分社（010）59367127
　　　　　　地址：北京市北三环中路甲 29 号院华龙大厦　邮编：100029
　　　　　　网址：www. ssap. com. cn
发　　行 / 市场营销中心（010）59367081　59367083
印　　装 / 三河市龙林印务有限公司

规　　格 / 开　本：787mm × 1092mm　1/16
　　　　　　印　张：13.5　字　数：162 千字
版　　次 / 2019 年 7 月第 1 版　2019 年 7 月第 1 次印刷
书　　号 / ISBN 978 - 7 - 5201 - 4663 - 0
定　　价 / 89.00 元